着物入門は浴衣から　目次

カジュアル と フォーマル

シンプル と ゴージャス を

あわせ持った　着物

はじめに

　私が日本舞踊を始めたのは 3〜4 歳の頃だったのでしょうか。日本舞踊は、歌舞伎芝居の中で踊られていた劇中舞踊が独立し、「道成寺」や「山姥」などの邦楽で踊られるようになったのが始まりのようです。4 歳の時に母の舞踊教室のおさらい会で、江戸の遊女の小間使いをしていた女の子「かむろ」を演じた写真があり、きちんとそれらしいポーズをしているのにはびっくりします。言葉もうまく通じず、勝手放題の 4 歳の子供によくまあ教え込んだものだと感心してしまいました。記憶には全くないのですが、褒められるまま親の言うなりに動いていたのでしょうか。私の幼少期、昭和 20 年代終わりの頃は、少しずつ皆が豊かさを求め、昔からの礼儀作法を内包した日本舞踊を自分の子供に習わせる親も多く、2 つ年上の従姉や仲間と楽しくやっていたのかもしれません。子供に少しでも何かの刺激を与えたい親たちにとって、当時、日舞は魅力的なお稽古事の一つだったようです。私の母は、花柳界(かりゅうかい)ではなく普通の家庭の子女にも、と住宅街でも教えられるようになった日舞を中学生から習い始め、私が生まれた頃は日本舞踊創作作品の群舞で一世を風靡した花柳徳兵衛舞踊団に入っていました。自分の技術を顧みて、自分が受けられなかった英才教育を自分の子供には受けさせたい、と娘の舞踊教育に躍起になっていたようです。その母のあまりの熱血ぶりに娘の私は身を引いてしまい、踊りの稽古から逃れることばかり考えていました。家の手伝い、テスト、宿題、他の習い事、友

「かむろ」4 歳

人との約束、さらには寝ている振りをしていて目を覚まさないという状況を次々と作り出し、稽古ができない言い訳をする毎日でした。それでも、母は娘の舞踊教育を諦めず、自分が主催する教室のおさらい会のプログラムには、娘の演目をさっさと載せて、稽古をせざるをえない状況を作っていきました。そして結局 15 才になり、流儀の名取が許される年齢になった時には早々と申し込みを済ませ、名取試験の演目の稽古を強要するのでした。今思えば本当に有難い親の熱意でした。このようになって欲しい、という親の夢が結局はしっかりと娘の体に染み込んでいきました。

　大学に入ってすぐに、母はある日本舞踊家の稽古場に私を連れて行きました。その師匠の「山姥やまんば」という踊りを見た途端、私は日本舞踊の虜になりました。滑らかな、ち密な無駄のない動きの中に込められた、子を思う母の気持ち、四季折々の情景、師匠の周りに作りだされる隙のない緊張感に吸い込まれるような思いをしました。日本舞踊はなんと素晴らしいのだろう。今思えば、それは初めて日本の文化を意識した瞬間でした。今でも十代の私を虜にしたその時の感動を追い求めているのです。

　虜になったといえども、日舞の稽古は素っ気ないものでした。上手になりたくても、技術を磨く訓練の場所がないのです。日本舞踊は基本的にはひとりで演じる芸です。踊りの振りを師匠の稽古場で習うので

古典
「京鹿子娘道成寺」

すが、師匠が横で1分程のまだ習っていない新しい部分を3回踊ってくれる、それを横目で見ながら一緒に踊る。そして何ヶ月もかかって演目の最後までを習い、おさらい会という師匠が開催する公演で踊るだけなのです。おさらい会に出演するには、会場費、演奏費、衣裳かつら費、御礼等々大変なお金が掛かります。前の師匠が亡くなって、また人間国宝の師匠につきましたが、稽古量が少ない、一つの演目を習うのに時間が掛かる、公演が少ない、出費が多い、は同じでした。

　母が私と二人のリサイタルを始めてくれましたが、物足りなさは拭えず、月に数回しかない稽古、習う事の不自由さ、手、足、顔の位置、音、あらゆるモノが決められ、習って踊るものだと諭される古典の窮屈さ、そして負担できない程の金額。それらから解放されたく、自分の作品ならば毎日何時間も稽古ができ、お金もかからず自由に発表ができる、と踊りを創ることを始めました。そこに、母が若い時に関わっていた創作の日本舞踊が重なりました。30歳を過ぎたころ、多分野のダンス合同の創作

コンクール優勝作品
「哀し」

コンクールに、自分の作品で出場してみました。50名の出場者の中で何と優勝してしまったのです。それは、目を皿のようにして欠点を探し続けた母の力も大きかったと思いますが、思えば審査員にとって日舞の出場者は珍しかったのかもしれません。それでも、自分の道を考えあぐねていた者にとっては大変な事件でした。その後、自分だけのリサイタルで文化庁の芸術祭賞を得るまでは何とか進みましたが、またハタと考え込んでしまいました。自分のように日舞を基本にした創作作品だけで突き進んでいる仲間が日本にはいないのです。広がらないのです。そこで、外国の演劇祭で公演をすることを思いつきました。1995年、44歳のころだったと思います。メールも一般には普及しておらず、手紙で海外とやりとりしていた時代でした。何とか世界最大のイギリス・エディンバラフェスティバル・フリンジで公演をしている日本人を捜し出し、2019年までの23年間ヨーロッパに通い続けるきっかけをつかみました。

日本の伝統とは

　1997年、初めての海外フェスティバル参加公演は、有頂天で何とかこなしましたが、翌年の23日間連続公演の折り、冷静になって周りを見てみると、エディンバラフェスティバルに参加している2000以上の団体の公演は全てが、それぞれ独自のオリジナル公演で、大変レベルが高いことに気付きました。思えば世界中から自分自身の作品を持って我こそはと集まってきた演者達です。必死の公演ばかりの中で、いったい自分は何を提示できるのかわからなくなりました。日本舞踊って何なのだろう。ここで公演を許される技術を自分は持っているのだろうか。何を目指して自分は修行しているのか。公演をしながら、他の公演と比較し、日々落ち込むような毎日でした。

その年、アメリカ人男性ダンサーが、私と同じ劇場で"舞踏"の公演をしていました。そのアメリカ人は全身白塗り、スキンヘッドに褌で、日本人の土方巽（ひじかたたつみ）が始めた舞踏と同じいで立ちでした。土方が始めた舞踏とは、目を三白眼にして"そこにいる"ことだけが大切と言わんばかりに、身を震わせながらうごめく、見ている方がぞっとして引いてしまうようなダンスです。お客様を巻き込み、楽しませるヨーロッパの公演価値観とは全く相反するものを日本人が始めたのでした。一方そのアメリカ人の舞踏ダンスは、目を殺して自分に集中する精神とは全く異なり、お客様を喜ばせたいというサービスのエンターテイメントだったのです。目は客席に見開かれ、手を大きく広げ、笑顔を浮かべて観客に投げかけるのです。

　「違う、違う。日本発の舞踏は息を止めているのではないかと思う程静かで、目を内に向け、自分自身の心のみを見つめている座禅僧のようなものだ。舞踏の表現は、もしかしたら日本人が 1000 年をかけて築いてきた静寂の価値観からきているのかもしれない。静寂から出発し、静寂へ帰す技法。あたかも空気が止まっているような動き、動けばさらに静けさが深まるような、少ない動きに万感を込める技法を日本人は持っていて、それを別の形で表現したのが、土方巽が始めた舞踏ではないか」そう考えた時、自分の進むべき道が見えてきました。それは言い換えれば究極の整理整頓、数学的に計算されたような無駄のない動きを追求する事でした。張り詰めた空気を、動きで、形でつくることを最高芸術とする価値観は、日本独自のもので、日本人の誇りといってもいいと思います。"重厚さを秘めた静寂"と言えばいいのでしょうか。"目で見ることができる密度や斬新な有"を追求する海外の芸術とは一線を画すものです。若さの華やかさではなく、年齢を重ねながら追求できるものです。

日本の伝統講座

　ここまで踊りのことばかり書きましたが、実は大学卒業後に日本舞踊に集中するつもりが、大学の先生から私学中高一貫女子校の家庭科非常勤講師の職を紹介されました。学校に週 2〜3 回通ううちに、若い生徒たちとの付き合いが大変楽しく、また家庭科の授業準備が踊りを創り発表する過程と全く同じで、両者にほとんど差がないことに気付きました。授業は舞台の本番。演出し、小道具を使いこなし、大げさにしゃべり、動き、50 名の観客に自分の方に向いてもらう。教師が創り演じる授業を目指していました。その頃の生徒は、教師が主役を演じているのを興味深そうに見てくれたのです。思えば有難いことでした。しかし、時代は変わりました。生徒を動かすアクティブラーニング、1 学年が同じ教材を使い同じ授業をする等、授業が非常勤講師個人の自由にはならなくなりました。また高齢教師との年齢差か、生徒の興味も教師から離れていきました。そんな時、日本の伝統講座を思いつきました。演じる授業をまたやろう、と雑談として手ぬぐいや風呂敷の"実演日本の伝統 5 分間面白講座"を始めました。この「着物入門は浴衣から」の本もこのような授業中の実践がきっかけで生まれました。

日本の伝統を学ぶ　規律の"守"　応用の"破"　自由な"離"

　日本の伝統にはそれぞれの分野で日本人によってつくられてきた"型"があります。型を知ってから後、そこから離れて自由に発想しても、日本の伝統的な感性を内に持った表現ができるはずです。それは「守・破・離」と言われる日本の伝統芸を学ぶ段階としても説明されています。守（型）を知り、守（型）を破り、守（型）から離れるのです。守（型）は日本人の感性で、生活、風土、社会から影響を受けて磨き上げてきた造形や技術、動きです。その究極の整理整頓、静寂、緊張感を秘めた"守"を「フォーマル」としましょう。フォーマルはしきたり、決まり事、伝統等で縛られ、どちらかというと不自由なものです。先人達に習って、学んで、動いて、体で会得するものです。そのフォーマルを知識だけでなく体得してから自分なりの工夫を入れるのが"破"です。そして体に染み込んだその"守"を捨てて"離"にいっても、それは日本の伝統の"守"を内に秘めたものになります。日本の伝統が内蔵された、自由な発想の"離"カジュアルになるのです。フォーマルを知ってからカジュアルに行く、それが日本の伝統の学び方です。私が最初に感じた日本文化は師匠の踊る静寂を内に秘めた"守"の技法でした。

　日本文化の素晴らしいところは、自分が"守"を学んで"離"に行かなくても、すでに、江戸の庶民達が武士や貴族文化から降りてきた"守"を自分達で創意工夫をこらし、自分たちの生活に溶け込ませた"離"がすでに存在することです。手拭いや風呂敷、盆踊りなどは、"守"（型）にとらわれない、自由に思いつくままに楽しむ庶民文化です。

　"守"から始まり、庶民の生活の中に溶け込み、庶民の創意工夫によって"離"を花開かせた、フォーマルとカジュアルを併せ持った世界にも類を見ない日本の伝統文化。日本人の財産であるこの貴重な文化が忘れ去られていくのを目の当たりにするのは、あまりにも寂しいことです。

　この本は日本の伝統文化が育ててきた技術や方法や感性等を、着物文化を通して紹介するための本です。着物に関連した入門書です。日本の伝統は、自分で見て、触れて、感じて、体験して、考えて、自然に体にしみ込ませる文化です。自分でその奥深さを発見することが大切と思います。着物文化のさわりを少し体験できる実習も"◆やってみよう"で取り上げます。

　着物と日本舞踊を通して、私と母がほぼ 80 年掛けて経験し、考え続けてきたことを書かせて頂きました。

2019 年

第1章

着物の形

「桜絵巻」

日本の伝統衣服 KIMONO

　舞台衣裳、外出着、稽古着、購入したもの、いただいたもの、70年以上前のもの、最新のもの…我が家には使用可能な着物が200枚近くあります。それら全てを、私は今、着ることができます。流行もほとんど関係なく、ましてや寸法の違いも大した問題ではありません。衿、身頃など形はどれも全く同じで、少し違うのは袖の長さ位でしょうか。もし身幅などが合わない場合は、布端を切り取ることなく縫い込んでありますから、裁縫師さんに頼めば気安く脇をほどき、幅を修正してくれます。着物は修正すること、縫い直すことを見込んだ衣服なのです。

　ほとんど同じ形の着物たちを眺めているだけで、なぜこんなに幸せな気持ちになるのでしょうか。友禅作家の石田凱宣さんは、ご自身の作った友禅の全身に描かれた無数の薔薇の絵文様を見ながら、「すべての花びらの色は違うんです」と言い切りました。薄いピンクの花びらをよく見なければその色の違いは私達にはわかりません。着物は同じ形だからこそ、着物作家たちのキャンバスになり、作家たちの個性が、自己主張が、美意識が表現できるのです。着物には職人さんの細やかな作業、熱意、誠実さが詰め込まれています。

　1997年から2019年まで毎年、海外演劇祭に参加し続けましたが、宿泊先から劇場までの道のりを着物姿で歩いていると、多くの外国の方に声を掛けられ、記念写真を求められました。洋服で歩いている時とは大違いです。着物を着ているだけで目を引き、輝く。着物を歴史の中に葬り去るのはあまりにも惜しいことです。

　世界にも知られる日本の伝統衣服「KIMONO」についてまず形から学んでいきましょう。

「薔薇咲く夜に」

薔薇の花を描く
石田凱宣さん

アヴィニョンフェスィテバル（フランス）
にて。左から、薩摩琵琶奏者・坂 麗水さん、
現地の方、笛奏者・福原道子さん、私

　石田凱宣　いしだがいせん
　　平成11年、伝統工芸士に認定される。技法は糸目友禅を中心にまき糊、ぼかし染め、無線友禅、色糊のたたき等広く深い技術を体得し新しい感性で作品作りをする。通産大臣賞、文部大臣奨励賞、京都市市長賞、京都新聞社賞など数多くの賞を受賞。平成19年没。享年59歳。

着物はすべて同じ形

舞台で着ているこれらの着物は袖丈、身幅すべてほぼ同じ寸法です。

「平家物語を語り継ぐ・書」
2017 年

「スイートホーム」1984 年

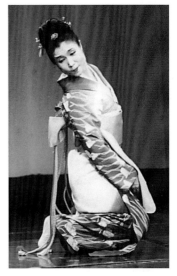

「匂う」1982 年

「レディマクベス・紅の肖像」
2012 年

「狐の嫁入り」1994 年

「冥府の女」1985 年

着物の形と各部の名称

　着物は基本的には男女同じ形で、衿、袖、身頃から成り立っています。形は単純で、極限までシンプルさを追求しているように見えます。平安時代から、様々に変化しながら、貴族や武士や庶民の衣服として着続けられてきましたが、身幅が広く袖幅が狭い500年前の着物を見ても、今とあまり変わらないように見えます。衿の部分の重なりも今も昔も、V字型であっさりとしています。袖も身頃もただの四角い布の着物が、誰にでも似合うのはこの簡素さのためでしょうか。

　形は同じでも、裏地の付いた着物を袷（あわせ）といい、裏地の付いていない着物を単（ひとえ）といいます。ここでは、単の木綿着物である浴衣を例に、着物の形と部分名称について確認してみましょう。

女性用浴衣

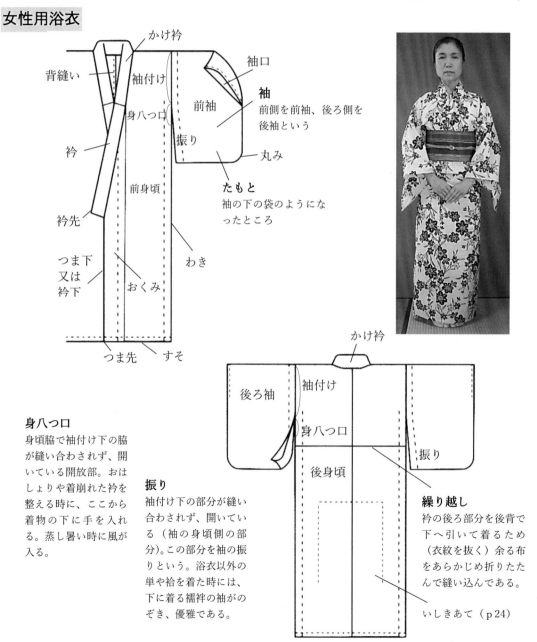

かけ衿

背縫い

袖付け

袖口

袖
前側を前袖、後ろ側を後袖という

前袖

身八つ口

衿

振り

前身頃

丸み

たもと
袖の下の袋のようになったところ

衿先

つま下
又は
衿下

わき

おくみ

つま先　　すそ

身八つ口
身頃脇で袖付け下の脇が縫い合わされず、開いている開放部。おはしょりや着崩れた衿を整える時に、ここから着物の下に手を入れる。蒸し暑い時に風が入る。

振り
袖付け下の部分が縫い合わされず、開いている（袖の身頃側の部分）。この部分を袖の振りという。浴衣以外の単や袷を着た時には、下に着る襦袢の袖がのぞき、優雅である。

かけ衿

後ろ袖　　袖付け

身八つ口

振り

後身頃

繰り越し
衿の後ろ部分を後背で下へ引いて着るため（衣紋を抜く）余る布をあらかじめ折りたたんで縫い込んである。

いしきあて（p24）

男性用浴衣

かけえり（男女共）
衿の上に付いている共布（着物と同じ布）。汚れたり痛んだりしたら、裏返したり別布を付け替えたりする。

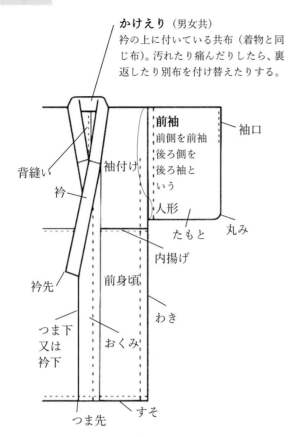

背縫い
衿
袖付け
前袖
前側を前袖
後ろ側を
後ろ袖と
いう
袖口
人形
たもと
丸み
衿先
前身頃
内揚げ
つま下又は衿下
おくみ
わき
つま先
すそ

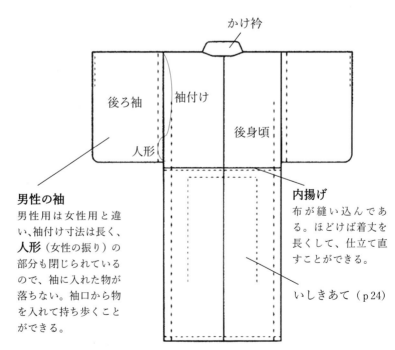

かけ衿
後ろ袖
袖付け
後身頃
人形

男性の袖
男性用は女性用と違い、袖付け寸法は長く、**人形**（女性の振り）の部分も閉じられているので、袖に入れた物が落ちない。袖口から物を入れて持ち歩くことができる。

内揚げ
布が縫い込んである。ほどけば着丈を長くして、仕立て直すことができる。

いしきあて（p24）

着物の寸法の決め方

　女性はおはしょりをして着るので、身丈（着物の長さ）は着丈（着た時の長さ）より長く、着物を仕立てる時は、身丈は身長と同寸にします。男性用の着物は、身丈と着丈が同じになります。サイズの違う着物でも、ある程度は着付けで調節することができます。たとえば、腰回りは着た時の前身頃の重なり分で調整、また、女性は着丈をおはしょりの量で調節できるため、身長が違う人の着物でも、ある程度は着付けで工夫して着ることができます。

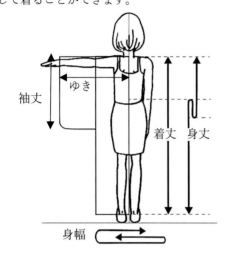

① **着丈**
　首の付け根（肩山）から足のくるぶしまでの長さ
② **身丈**（着物の丈）
　女性は身長と同じ寸法位（着丈＋おはしょり 25cm 位）
　男性は着丈と同じ
③ **ゆき**
　手を真横に広げ、背中心から手の付け根までの寸法に 4cm 位を足した長さ
④ **身幅**
　すそ部分の着物全体の幅、（おくみ幅＋前幅＋後ろ幅）×2、腰回り（ヒップ）の 1.5 倍位
⑤ **袖丈**
　女性のたもと袖（P33）の場合は身長の 1/3 位で 49〜55cm 位
　男性は背丈（首の付け根からウエストまで）＋5cm 前後で 48〜50cm 位

豆知識　おはしょりって？

　江戸の中ごろ、女性は着物を長く仕立て、屋内では裾を引きずって着るようになりました。外出する時には、しごきや抱え帯などの紐を巻いてそこにはさみ、長い裾を短くしたり、片手で褄（つま）下を持ち上げたりして着物が汚れないように、また、着物が足にからまないようにしていました。後には最初から端折って（はしょって）着るようになり、折り上げた部分を"おはしょり"と呼びました。衣紋を抜いて後ろで余った布も、胸の高さに取られる布も、また裾を細くして着るために、つま先を上げて着る時にも、この"おはしょり"が調節に使われます。おはしょりの整え方で着付けの良し悪しが分かります。

長い裾を紐にはさむ
裾を持ち上げる

「江戸庶民風俗絵典」転載

　舞台衣裳を着る場合は、乱れは厳禁です。おはしょりを帯の下に出す場合と、折りたたんで帯の下に入れ、外に出さない場合がありますが、外に出す場合、おはしょりの幅をそろえてピンと張らせるために、後方へずらした布を、お太鼓結び等の後たれが隠す場所になります（写真左）。後ろのたれがない結びをする場合は美しく整えるのは難しいので、おはしょりを帯の中に隠します。帯の下におはしょりがないと、足が長く見えたり、身頃の絵柄の部分が少し広くなる気がします。

たれの後ろに余った
おはしょり布を隠す

おはしょり布を帯の
下に折り込んで隠す

四角い袖を使って

　日本舞踊には着物を扱うしぐさ「振り」が多くあります。
　四角い袖を使った「振り」を少しご紹介しましょう。

袖をまくって腕を出す
「てめー、おいらの事を
知らねーってか！」

腕を懐に収めてのしのし歩く。
「じゃまだじゃまだー」

袖の中に手を入れて
「私かわいいでしょ？」
　　　「あらっ、なーに」

袖からのぞく
「あら何か御用？」

袖を目に当てて泣く
「わたしゃ、かなしゅーて
かなしゅーて」

◆ コピー紙や広告紙(A4)で着物を折ってみよう

海外の方へのお土産としても喜ばれる着物の折り紙です。母が昔、友人から頂いた折り紙着物を参考に作ってみました。

A4の大きさ：縦29.7cm　横21cm

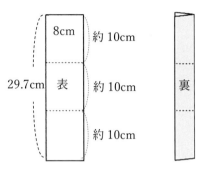

1. A4の大きさの紙を8cmの幅に縦に切る。約3等分の折目線をつけておく。

2. 縦二つ折りにして、折目線を付ける。

3. 裏側を上にして置き、上端を約5mm幅で三つに折る。

4. 今度は表側を上にして置き、3.で三つ折りした部分を表側に三角に折り返す。

5. 1.の折り目で3つに折る。

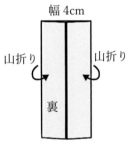
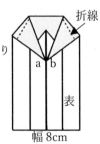
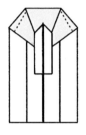
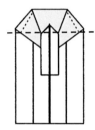

6. 両側が中心にくるように、内側に折る。

7. 6.で折った部分の上部が図のような形になるように上の一枚を開く。

8. 7.のab部分を折り返し部分(衿)の下に入れる。

9. 図の点線の部分で後ろ側へ折る。

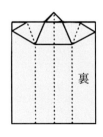
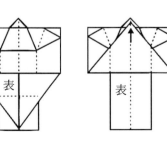
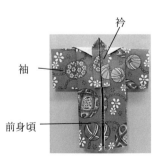

10. 裏にして置き、下の部分を三角に折り上げる。

11. 三角の先端を、上部の小さな三角(衿)の中に入れる。

12. 表に返して出来上がり。

今も昔も、着物は皆同じ形

　私は日本舞踊を基本にした創作作品で、1年おきに劇場公演とライブハウス公演を交互に主催しています。劇場公演では、平家物語やシェイクスピア等の和洋古典や内面的な情感、または宇宙等、シリアスな題材をおもに取り上げています。ライブハウス公演ではシリーズ「花子日記」と銘打って、テーマは日々のちょっとカッコ悪い、感情あらわな庶民生活が主題です。その時は劇場公演と違い、普段使いの着物を着ます。出演者がいつも着ている着物を持ち寄って、役どころと色、柄の相性を考えながら選びますが、それぞれの日常着がなぜかいつも作品にぴったりと馴染み、まるで新規に誂えたかのようです。着物はやさしい色使いで、何より形が全く同じで、着方、帯結びも大差なく、持ち寄りの着物でも演者たちの姿に一体感が生まれます。着物の形が皆同じなので、いろいろなものを重ねて身に付けても違和感がありません。「初めての海外旅行・パリ7日間の旅」（2018年）ではパリで買ったつもりの帽子とベストを自慢しながら、パリで撮った写真を見て大笑いをするシーンを創りましたが、皆、着物に重ねたベストと帽子がとても似合っていました。

　着物は、職人技の詰まった手作りの工芸品なので、骨董品と同じように価値あるものです。昔のものでも古さを感じさせず、どのような素材なのか、どのような技法で、どこで作られた生地なのかなどを考えると、いつまで見ていても飽きないものです。形が今と同じなので古くても違和感なく着ることができます。高価な着物を買わなくても、古着屋さんの掘り出し物でも、ひいおばあちゃん、ひいおじいちゃんのものでも、見て、さわって、できれば一度は着て欲しいと思います。職人さんたちの技がちりばめられた本物を知ることは、日本の伝統に近づく第一歩です。

稽古場で教え子に母の従妹から譲り受けた80年程前の花嫁衣裳を着てもらいました。

海を渡った100年程前の振袖が、南仏の町の日本文化紹介の展示会で飾られていました。

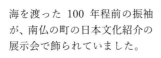

エピソード　アヴィニョン報告
着物の素晴らしさを紹介したい、自分の創作作品で世界に挑戦したい

　1997 年イギリス、エディンバラフェスティバル参加公演に始まり 2019 年アヴィニョンフェスティバルまで、カナダ、オーストラリアを含め計 24 回海外演劇祭に参加してきました。2001 年から 2019 年までは、連続で南仏アヴィニョンの演劇祭に参加しました。小さな町のいたるところが演技の場になり、そこにいるだけで幸福感、濃密感、充実感が味わえる"熱血の夏の 3 週間"を過ごしてきましたが、2020 年〜2022 年はコロナ禍で、日本を出てフランスに渡ることができなくなってしまい非常に残念でした。

町で出会ったベリーダンスの
ダンサーと

宿泊アパートでワークショップ

2019 年「平家物語を語り継ぐ」
公演終了後　お客様と

世界三大演劇祭　アヴィニョンフェスティバル

　パリから新幹線 TGV に乗って南へ 3 時間、法王庁を中心とした城壁に囲まれた直径 1.2 km 程の世界文化遺産の街アヴィニョンで、毎年 7 月の 3 週間開催されるアヴィニョン演劇祭。第 2 次世界大戦後の 1947 年から始められましたが、年々参加団体が増え、刺すような熱い日差しの中 2019 年には世界中から 2000 近い個人や団体がフェスティバルオフに参加していました。

アヴィニョン法王庁

壁一面の宣伝ポスター

2019 年参加公演
の葉書大チラシ

2016〜2018 年の
全公演プログラム掲載誌 A4 大厚さ 2cm

法王庁前広場にて　延々と静止ポーズ

第 2 章

着物に隠された
驚きの工夫

嫁入り道具　タンス

着物の手入れ

　私は稽古用の浴衣をミシンで縫っています。ミシン縫いの自作の浴衣を着て日々稽古をしていると、まずは袖付けがほつれ、後ろ中心縫いが裂け、裾の布端がすり切れ、脇縫いの縫い止まりがほどけてきます。先人たちのそれらへの対処法を知るために、丁寧に手縫いで作った着物を観察してみると、驚くような技があちこちにちりばめられ、着物で生活していた人々の工夫に、つくづく感心させられてしまいます。

　戦前まで、家族の衣類の手入れや保管、縫製はすべて家の女性達に任されていました。着物作りができない女性など不要と思われていたほどです。絹の着物などは汚れてもそのまま洗濯することができません。絹は水に当たると縮んでしまい、袷着物の表と裏の縮み具合も違うので、洗うと形が崩れたり、裏布がはみ出してきたりします。また長年着た着物は布の張りもなくなってしまいます。絹の着物を洗う"洗い張り"とは、まずすべての縫い目をほどいてバラバラにしてから、はぎ合わせて元の反物のようにし、それを水洗いし、張り板や、針の付いた竹ひごにピンと張り、糊付けして皺を伸ばしながら乾かす方法です。汚れが落ち、張りを取り戻し、痛みを修理した布を、家の女性たちが縫いなおします。"洗い張り"そして"縫い直し"は大変に手間が掛かります。そこで女性たちは着物を少しでも長持ちさせるためにあの手この手の工夫を凝らし、その工夫を仲間たちとお互いに教え合って積み重ねてきました。形が同じ着物だからこそ、話せば皆に通じ、納得し、ご近所仲間に、娘や孫に繋げてこられた技法なのでしょう。こーすれば、あーすればという彼女たちのかしましいおしゃべりが聞こえてくるようです。着物にこめられた驚きの工夫を見てみましょう。

自作の浴衣を数年使うと…

繰り越し、肩あて、いしきあて（p24）、きせ（p23）かんぬき留め（p22）を省略したミシン縫い浴衣

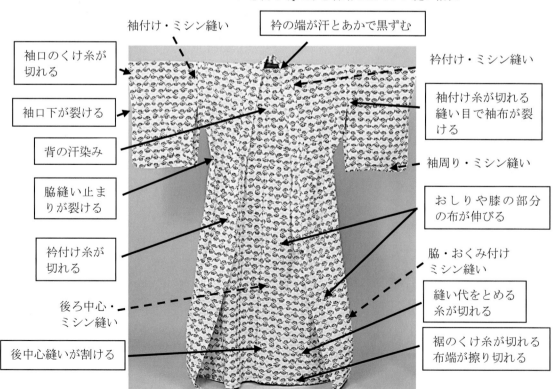

袖付け・ミシン縫い

衿の端が汗とあかで黒ずむ

衿付け・ミシン縫い

袖口のくけ糸が切れる

袖口下が裂ける

背の汗染み

脇縫い止まりが裂ける

衿付け糸が切れる

後ろ中心・ミシン縫い

後中心縫いが割ける

袖付け糸が切れる縫い目で袖布が裂ける

袖周り・ミシン縫い

おしりや膝の部分の布が伸びる

脇・おくみ付けミシン縫い

縫い代をとめる糸が切れる

裾のくけ糸が切れる布端が擦り切れる

反物の裁ち方の工夫

　浴衣などの女性用単（ひとえ）着物を作る時は、長さ約12m幅約36cmの反物（たんもの　成人用の着物を仕立てるのに必要な長さの布）を次のようにたたんでから切ります。余り布はほとんど出ません。布が長すぎたら袖などで縫い代を多くしたり、肩当てや、いしき当てにまわしたりします。余り布が出ても、四角い布なので他の小物などを作ることができます。

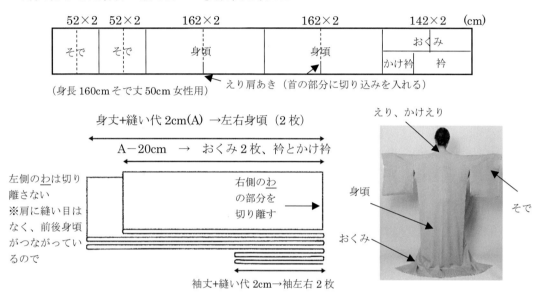

婦人物ひとえ着物の裁ち方　　反物長さ約12m

52×2	52×2	162×2	162×2	142×2　(cm)
そで	そで	身頃	身頃	おくみ / かけ衿　衿

（身長160cm そで丈50cm 女性用）　　えり肩あき（首の部分に切り込みを入れる）

身丈+縫い代2cm(A)　→左右身頃（2枚）

A－20cm　→　おくみ2枚、衿とかけ衿

左側のわは切り離さない
※肩に縫い目はなく、前後身頃がつながっているので

右側のわの部分を切り離す

袖丈+縫い代2cm→袖左右2枚

えり、かけえり

身頃

そで

おくみ

柄合わせの工夫

　身頃、袖の配置によって着物の雰囲気を変えることができます。縫い直す時、前後左右を入れ替え、汚れた部分を目立たないところに移動することができます。織の着物の場合（第6章参照）、表裏も替えられます。

縞柄の場合

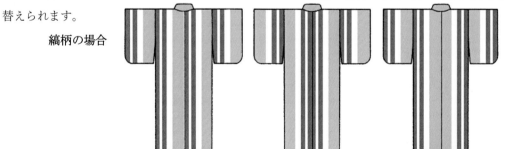

≪和服裁縫師の方に仕立ての苦労を聞きました≫

　何に一番苦労なさいますか？

　『柄の位置が決まっていない場合、一番迷うのが柄合わせです。裾から50cmくらいの所までにどのように文様をもってくるのか大変迷います。小紋などは柄の位置によってかなり印象が変わりますので』

手の届く範囲に全ての道具がある裁縫師さんの作業台

縫い方の工夫

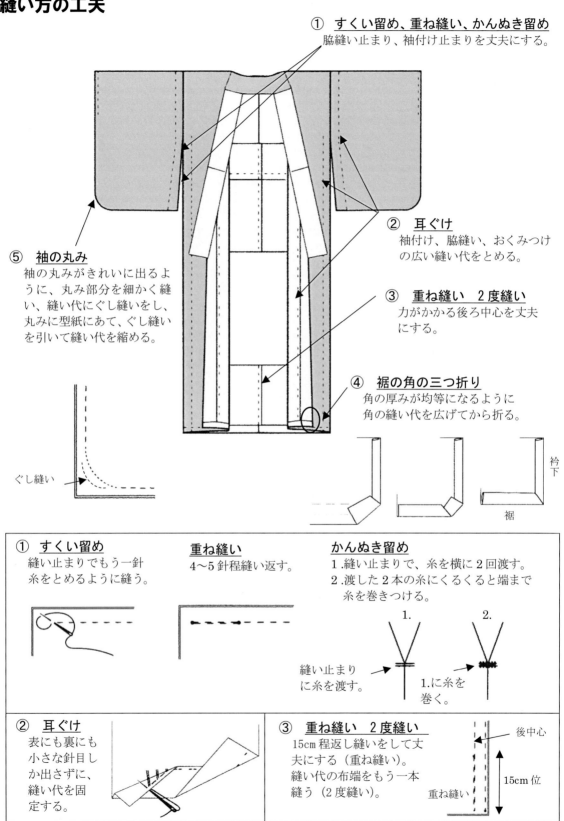

① すくい留め、重ね縫い、かんぬき留め
脇縫い止まり、袖付け止まりを丈夫にする。

② 耳ぐけ
袖付け、脇縫い、おくみつけの広い縫い代をとめる。

③ 重ね縫い 2度縫い
力がかかる後ろ中心を丈夫にする。

④ 裾の角の三つ折り
角の厚みが均等になるように角の縫い代を広げてから折る。

⑤ 袖の丸み
袖の丸みがきれいに出るように、丸み部分を細かく縫い、縫い代にぐし縫いをし、丸みに型紙にあて、ぐし縫いを引いて縫い代を縮める。

ぐし縫い

衿下

裾

① すくい留め
縫い止まりでもう一針糸をとめるように縫う。

重ね縫い
4〜5針程縫い返す。

かんぬき留め
1.縫い止まりで、糸を横に2回渡す。
2.渡した2本の糸にくるくると端まで糸を巻きつける。

縫い止まりに糸を渡す。

1. 2.

1.に糸を巻く。

② 耳ぐけ
表にも裏にも小さな針目しか出さずに、縫い代を固定する。

③ 重ね縫い 2度縫い
15cm程返し縫いをして丈夫にする（重ね縫い）。
縫い代の布端をもう一本縫う（2度縫い）。

後中心

15cm位

重ね縫い

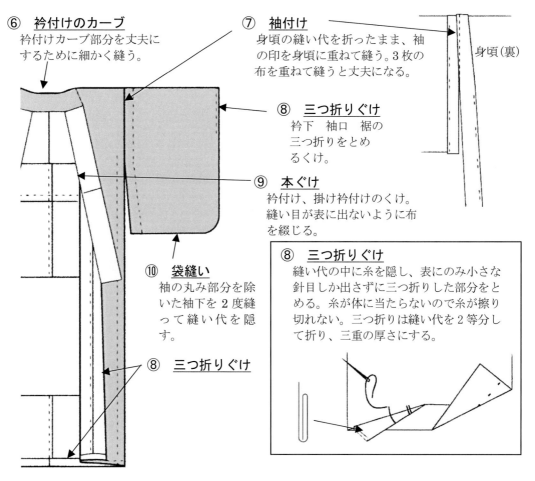

⑥ 衲付けのカーブ
衲付けカーブ部分を丈夫に
するために細かく縫う。

⑦ 袖付け
身頃の縫い代を折ったまま、袖
の印を身頃に重ねて縫う。3枚の
布を重ねて縫うと丈夫になる。

身頃(裏)

⑧ 三つ折りぐけ
衲下 袖口 裾の
三つ折りをとめ
るくけ。

⑨ 本ぐけ
衲付け、掛け衲付けのくけ。
縫い目が表に出ないように布
を綴じる。

⑩ 袋縫い
袖の丸み部分を除
いた袖下を2度縫
って縫い代を隠
す。

⑧ 三つ折りぐけ

⑧ 三つ折りぐけ
縫い代の中に糸を隠し、表にのみ小さな
針目しか出さずに三つ折りした部分をと
める。糸が体に当たらないので糸が擦り
切れない。三つ折りは縫い代を2等分し
て折り、三重の厚さにする。

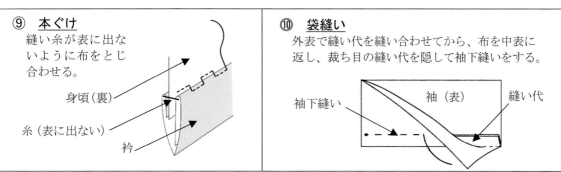

⑨ 本ぐけ
縫い糸が表に出な
いように布をとじ
合わせる。

身頃(裏)

糸(表に出ない)

衲

⑩ 袋縫い
外表で縫い代を縫い合わせてから、布を中表に
返し、裁ち目の縫い代を隠して袖下縫いをする。

袖下縫い　　袖(表)　　縫い代

⑪ 重ね継ぎ
縫っている途中で糸がなくなったら、4,5針戻ったと
ころから玉どめをした新しい糸で古い縫い目に重ね
て、再び縫い始める。

⑫ きせをかける
脇縫い、おくみつけ等に。
縫い目に直接力が掛からないように、布を2枚縫い合
わせた後、縫い代を縫い目で割らないで、縫い目から
2mm程離れたところで片側に倒す。

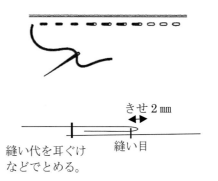

きせ2mm

縫い代を耳ぐけ　　縫い目
などでとめる。

補強、修理、縫い直しのための工夫

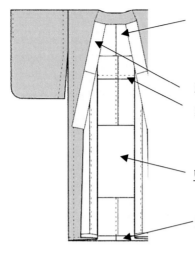

肩当て
布が常に体に当たっていたり、また引っ張られたりして
傷みやすいので、共布か別布をあてて丈夫にする。
衿付けも、身頃の布が2重になるので丈夫になる。

掛け衿（P13）

繰り越し（女性用）（P12）
衣紋を抜いて着るために縫い込んだ繰り越しをほどくと、
身丈の肩山（衿肩開きの切り込みがある）から前後身丈
の布の長さが同じになる。

いしき当て（居敷当て）
座った時等にお尻部分に負荷がかかり、縫い目が裂けやすく、
また布が伸びてしまうので、共布か別布をあてて丈夫にする。

裾
裾の端が切れたら、多少短くなるが　布を切って再び三つ折
りをしてくけなおす。三つ折りは折端を丈夫にするために布
端が折り端までくるように三重にして折る。（P23）

・袖などは汚れたら前後、右左を
　入れ替えることができる。

・織物や無地、小紋柄等はおくみを左右、上下、身頃を前後、左右入れ替えて仕立て直すことができる。

・ほどくと全て四角い布なので、布団や座布団にして再利用できる。
　浴衣は最後にはおしめや雑巾にする。布を最後まで使いきる。

・汚れたり、好みが代わったら、ほどいて染め直し、新品の着物のようにする。

・ほどきやすく、またほどく時、布を傷めないように、必ず全て手縫いで作る。

手入れ、保管の工夫　≪品川の海老屋染物店　店長　森岡さんに聞きました≫

①　木綿浴衣の洗濯

__クリーニング店に出す場合__

　『浴衣の汗は必ず水洗いで。ドライクリーニングをしてしまうと汗染みが残ってしまことがありま
　す。クリーニング店に出す時は水洗いで、と注文するとよいでしょう』

__家で洗う場合__

1. まず、下の様に糸をかけます。衿の内部は縫い代、えり芯がしっかりとまっていないことが多く、
　　洗うと衿の中の布が折れたり、きせがずれたりしてしまうのを防ぐためです。

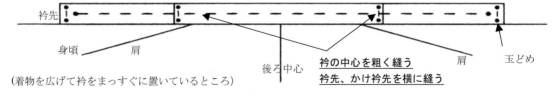

（着物を広げて衿をまっすぐに置いているところ）

2. 浴衣を洗面器の大きさに合わせてたたんで、洗面器に張った水につけてぬらします。

3. 漂白剤や蛍光増白剤が入っていない洗剤（中性のおしゃれ着用洗剤等）を水で溶いた洗濯液を洗

面器に入れ、押し洗いをします。衿、脇の下など汗をかいてしまった部分は軽くもみ洗いを。洗濯機の場合は粗くたたんでネットに入れ弱水流で洗います。

浴衣は色落ちする場合があるので、洗濯機洗いの場合は単独で洗うとよいでしょう。

4. すすぎは水で押し洗いを2〜3回。

5. 軽く絞ります。

6. 洗濯用糊で糊付けをするとよいでしょう。

洗濯用糊を水に溶いて浴衣を浸け、手で絞ります。洗濯機で軽く脱水してもよいです。

7. ハンガー（できれば肩の部分が厚いもの）に掛けて左右の衿を洗濯ばさみでとめて陰干しにします。直射日光に当てない様に。色が抜けてしまうことがあるのでガラスを通しての直射日光も避けた方がよいです。

洗濯ばさみでとめる

8. 乾いたら、1.の糸をほどいて霧を吹きかけて高温でアイロン、またはスチームアイロンをかけます。

② 絹の着物の手入れと保管

『絹は蚕の糸からできているので生き物と考えて下さい。アルミの箱等空気の出入りができない収納箱は厳禁です。昔は竹で編んだ行李（こうり）という箱に入れておいたものです。タンスの観音開きの扉の棚に入れておくと、開け閉めが多く、着物に風が入るので、湿気ず絹も傷まずシミができにくいです。着物を重ねて保管する時、上等な着物は湿気の来ない上の方に置くとよいでしょう。

絹の着物は洗濯ができません。着物を着た後は、汚れを落とし、しみ抜きをしておかないとしみが残り、そのまま取れなくなってしまいます。汗をかいたところ（脇や背）は、台の上に着物を、裏を上にして広げ、着物の裏（上）から霧を吹きかけタオルで拭き、または固く絞った濡れタオルで拭き、次に、乾いたタオルでたたいて水気を取り、ドライヤーで乾かしておくとよいです。ぬれっぱなしにしておくと、水のまわりが隈になって残ることがあります。衿や袖口の汚れは固く絞った濡れタオルでふくと多少は取れますが、落ちない時は専門家に任せるのがよいと思います。着物で外出する時、雨が降りそうな時は必ず雨ゴートを持参してください。絹物は雨に当たると縮んだり染みになったりします。古着屋さんでよく見かける〝丸洗い〟とはドライクリーニングのことなので、絹が水に当たった時のように縮んでしまう事はありませんが、年月が経つと水性のしみが浮いてくることがあり、おすすめできません。

着物を着た後、ブラシでほこりを落としでハンガーに吊るしておくとよいですが、窓際に吊るしてはいけません。必ず太陽が当たらない場所に吊るしてください。日が当たったところが布焼けして色が抜けてしまいます。着物を丁寧にたたんで、着物が縫いあがった時に入れられていた畳紙（たとうがみ）に包んでからしまうと、着物にしわが付かず、きれいなまま保管できます。畳紙は開く方を手前にしてしまうと便利です』

◆ たたんでみよう

着物をたたむ

　左右の身頃、袖、衿が重なるようにたたみます。まず、着物の下半身をたたみ、次に同じように上半身をたたむと、狭いスペースでもたためます。四角く平らになり、タンスの引き出しに何枚も重ねて入れることができます。保管時に付いた身頃の衿部分の折れ目はそのままにして着ます。

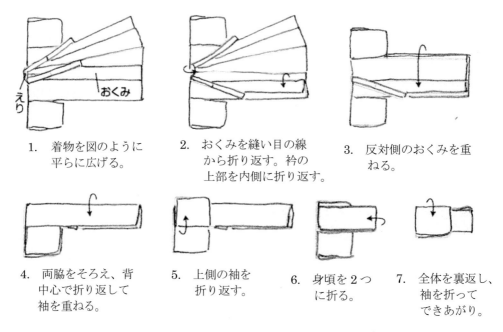

1. 着物を図のように平らに広げる。

2. おくみを縫い目の線から折り返す。衿の上部を内側に折り返す。

3. 反対側のおくみを重ねる。

4. 両脇をそろえ、背中心で折り返して袖を重ねる。

5. 上側の袖を折り返す。

6. 身頃を2つに折る。

7. 全体を裏返し、袖を折ってできあがり。

New　技術・家庭分野「暮らしを創造する」教育図書株式会社　転載

腰紐(こしひも)をたたむ

　紐を表裏に返しながら紐を平らに折りたたむ方法です。少し皺が寄った紐もこのようにたたむと皺も延び、次回使いやすくなります。

中央に糸か油性マジックで印をつけておくと着付けの時に便利です。

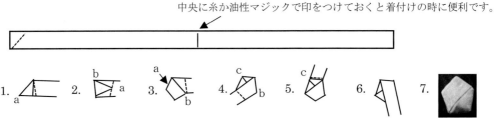

1. 紐の左端を下に三角に折る。　　2. 先端aが紐の中央に来るように折る。

3. 先端aが通る線で下に、bが紐の下線に重なるように折る。

4. bで紐を左に、折り山に添って折る。

5. 五角形の折山に添って上に折る。紐をcに重ねる。6. 五角形に添って順番に折りたたむ。

平にたたむ

足袋
上部分を片側に倒し、底同士を合わせて収納。

袴
長い袴の紐は、組むようにたたんで平らにする。

名古屋帯
お太鼓用幅広部分と胴回り用半幅部分の境を三角に折って平らにする。
帯を締めた時、前にくる部分と後の太鼓部分に折りじわができないようにたたむ。

半幅部分（上）
広幅部分（下）

広幅部分

着る人から縫う人へ

　手縫いの着物を細部まで細かく見ると、繰り越しも、いしき当ても省略した私のミシン縫いの浴衣とは違う場所がいくつも出てきて、裁縫師さんの仕事ぶりに尊敬の念がふつふつと湧き上がってきます。細やかでまっすぐな縫い目、衿付けの微妙なカーブ、表に目立たないように付けた肩当てやいしき当て。袷（あわせ）着物の裏布が、袖口や裾から均一に細くのぞいている"ふき"も見事です。私が昔作った袷着物など表布と裏布の伸びの違いで表布がたるんでしまいました。時間がたっても表裏のずれがこない着物には、裾の始末をする前にしばらく衣紋掛けに掛けて布を自然に伸ばしておく、などの手間があると聞きます。男性用の羽二重の着物を仕立てる時は、アイロンで表に跡が付かないように、できるだけ裏の布端を折らないで段差をなくすそうです。先日、初めて縫って頂く裁縫師さんの所へ、舞台で使う着物の縫製の注文に出かけました。その時見本のために持って行った着物の袖付けがほどけかかっていたようです。出来上がったと連絡があり、取りに行ったその着物の脇、袖の縫い止まり計6箇所には補強のための小さな布がかぶせてありました。言われなければ気づかない、思いやりの6滴のしずくのようでした。

縫い止まりに布をかぶせて補強

　着物は何年もそれを着こなしてから、その作り手の良さに気付きます。職人さんたちの着る人への愛情、自分に恥じない仕事。私たちはついその熱意を見過ごしてしまいます。着物を着る者は、職人さんのその思いを受け止め、ち密な仕事を理解し、尊敬の念を持たなければ申し訳ありません。着る人への誠意がこもった技が着物全体にちりばめられているのですから。

エピソード
19 ページ　豪華な衣裳ダンスはだれのタンス？

実は祖母の雛飾りのお道具です。

　雛人形の女雛のお嫁入り道具で、漆塗りに梅や鶴の金蒔絵が施され、金属製の
ちょうつがいには唐草文様が彫り込まれていて、扉を開けると四段の引き出しが
あります。引き出しにはかわいい取手も付いていて、120 年程前の明治の職人技
に感嘆の声を上げてしまいます。

　箪笥にはどのくらいの着物が入るのでしょうか。私の嫁入り道具だった桐の衣
裳箪笥(右写真)で調べてみました。箪笥には三段の引き出し、観音開きの扉奥に
は四段の棚と幅の狭い二段の棚が付いています。下の一つの引き出しに、たたん
だ袷着物が何と 10 枚も重なって入っていました。扉奥の広い棚の部分には 7 枚ず
つでしたので、引き出しと広い棚合わせて 60 枚近くの着物が入ることになります。
ということは、この女雛のお道具の衣裳箪笥の四段の引き出しには、約 40 枚の着物を収納できる計算です。

私の嫁入り道具の
桐の衣裳箪笥

　祖母が亡くなった時に、形見として母が女雛のお道具を譲り受け、私の雛人形と一緒に飾りました。

第 3 章

着物の TPO

「市松人形」

歌舞伎座に浴衣？

　日本舞踊のお稽古をする子供が大勢いた昭和の中頃、母が主宰する稽古場では、2年ごとの春に"おさらい会"がありました。劇場で役どころの衣裳を借りて大道具を飾り、演奏家に頼んで、あたかもプロの役者のように舞台を勤める会です。毎年の夏には、おさらい会で踊る演目の予行演習のため、区民館を借りた"浴衣会"が行われました。浴衣会ではその年のおそろい浴衣を全員が購入し、パリっとした新調の浴衣で踊り、最後に全員並んで、「おさらい会に向けて頑張りましょう」と緊張して写真を撮りました。その後、藍色のおそろい浴衣は稽古着になります。浴衣を着て自分に与えられた演目を少しずつ師匠に習うのです。その頃は、見て学ぶことも大切にしていたので、仲間が稽古をしているのを正座して見ていなければなりませんでした。長い時間一緒に過ごすおそろい浴衣の仲間達は、皆家族のように仲良しでした。今では日本舞踊を習うことが少なくなり、稽古場からにぎやかな歓声が消えて寂しくなりました。

　以前、浴衣で歌舞伎座に来た人がいた、と週刊誌のエッセイに笑い話として載りました。浴衣は私たちにとっては日々着続ける稽古着ですが、一般的には風呂上りや家でくつろぐ時に素肌に着る寝巻や普段着、汚れを気にしなくてすむ作業着なので、"高級社交場とされている歌舞伎座に浴衣で"は着物を着慣れた人々にとっては、大変非常識な行動です。生活臭のするパジャマ、ジャージーで歌舞伎座に来たと同じ事になります。着物はある意味、格式で成り立っています。木綿で作られている浴衣は格式で言うと一番下で、肩の力を抜いて着る日常着なのです。着物は、生地、文様、色などから、どの着物がその場ふさわしいか、相手に失礼ではないかを考えて着る衣服なのですが、それを支えているのが礼儀にまつわる伝統的な考え方です。最近では大分、融通が利くようになり、結婚式も紬や小紋で出かける人もいるようになりました。着物作家もどの場面にも合う着物を作り出すようになりましたが、まずは、明治、大正、昭和に常識とされていた着物にまつわる格式、決まり事を学んでみましょう。慣習を破るのは、まず着物のしきたりを知ってからです。

華やかな行事の着物

　格式が最も高い結婚式などで着る着物は大変高価なので、同じ着物を我が家では何世代にもわたって着ています。以下の花嫁衣裳は、母の姉から今日まで6組の結婚式に付き合ってきました。

結婚式

母・1945年

衛菊・1975年。義母、衛菊、母、祖母。花嫁の大振袖と親族女性の第一礼装の黒留袖です。

長男の妻・2008年。男性は第一礼装の黒紋付羽織袴です。

七五三

3 歳の私の孫です。
2007 年に母がひ孫のために新調したもので、七五三で使ったのは 4 人目です。
2018 年

息子の 5 歳の時は貸衣裳を使いました。1981 年

5 歳、7 歳の母のひ孫たちです。右の着物は 50 年以上前の友禅染めを 40 年ほど前に子供用に仕立て直したもので、七五三で使ったのは 7 人目です。
左の着物は 1979 年購入の小紋生地を友人から譲り受け 2018 年に仕立てました。七五三には初登場です。
2020 年

成人式

友人の母娘で同じ着物の成人式です。
朱色の綸子総絞りの中振袖に織の袋帯。
左 1972 年母
右 1999 年娘

袴（はかま）

江戸時代、武士の正装は裃(かみしも)、その次が羽織袴でした。女性は宮廷の女官たちだけが袴をはいていました。

明治に入ると女子学校が創立され、男袴をはく女子学生も現れました。明治30年ごろから股に仕切りのないスカート状の行灯袴(あんどんばかま)が急速に広まりました。

今の卒業式に女性がはく袴です。

卒業式

小学校卒業式
裁縫師のおばあ様手作りの着物と袴です。2021 年

私（左）の大学卒業式です。
あの頃は貸し袴と言えば海老茶や紺のウールの無地でした。
1974 年

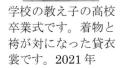

学校の教え子の高校卒業式です。着物と袴が対になった貸衣裳です。2021 年

着物の歴史

小袖

　着物は昔、小袖とよばれていました。小袖とは本来袖の小さな衣服のことで、平安の貴族たちが着ていた幅の広い袖、大袖の衣服に対して小袖といいました。大袖の下に下着として着ていた小さな袖の衣服が表着になった、また、庶民が素肌に着ていた筒袖膝丈の一枚着が形をなしたなどと言われています。小袖に振りができて今に通じる形となったのは、江戸時代のことです。

　日常着としてゆったりと着ていた着物（小袖）でしたが、日常着から離れ、礼装やお洒落着として着られるようになった現代では、衿元をきちんと合わせ、体にぴったりと、帯を胸高に、下肢を長く見せる着方が多くなりました。

平安時代の女房装束の盛装（十二単　じゅうにひとえ）　　参考「被服構成学」光生館

1. 小袖（こそで）
2. 打袴（うちばかま）
　小袖の上に袴をはく。
3. 単（ひとえ）
4. 襲ね袿（かさねうちぎ）
　単の上に重ねて着て、襲(かさね)の色目を出す。

大袖（おおそで）
袖口は開いている。　4. 襲ね袿（かさねうちぎ）

5. 表着（うわぎ）
　襲ね袿の上に着る。
　写真は、源氏語りの活動
　をする友家しづ氏が京都
　で誂えたもので、この
　表着を着て「源氏物語」
　を語る。

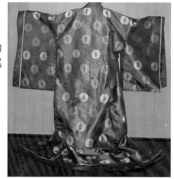

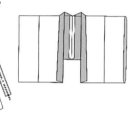

6. 裳（も）
　表着の上から後
　方にまとう。

7. 唐衣（からぎぬ）
　表着の上に
　はおる。

　平安時代の女房達は装束のかさね衣の衿、袖口、裾回しのわずかに見える色の重なりに大変に気を使いました。着た時に衿や袖から少しずれて見える衣の色の組み合わせに心を砕きました。その組み合わせで、センスばかりか教養までほられてしまうので、おろそかにはできません。"襲の色目(かさねのいろめ)"と言われるその色の美しい重なりには、それぞれ季節感あふれる名前が付けられています。「紫の薄様」（むらさきのうすよう）「花山吹」（はなやまぶき）「蘇芳の匂」（すおうのにおい）「紅紅葉」（くれないもみじ）「雪の下」（ゆきのした）等、数えきれないほどです。1000年前の貴族たちの色へのこだわりが、今の着物や帯の組み合わせの妙につながっているのかもしれません。

着物の種類とTPO　男性

着物の種類	黒紋付羽織袴　くろもんつきはおりはかま	色紋付羽織袴　いろもんつきはおりはかま	着物に羽織　きものにはおり	着流し　きながし
着物姿	（黒紋付と羽織）		（写真は大島紬）	（写真は浴衣）
TPO	第一礼装	第一礼装・準礼装	お洒落着　出掛け着	普段着
着物や袴	黒無地羽二重、五つ紋付きの羽織と着物。羽織紐は白の平組みまたは丸組み。袴の布は縞織の仙台平。結婚式の新郎、仲人、新郎新婦の父親、親族他。喪服第一礼装にもなる。	第一礼装は色無地羽二重、五つ紋または三つ紋付きの羽織と着物、袴は仙台平。準礼装はちりめんやお召の着物に一つ紋又は三つ紋付の羽織と着物、袴は縞もしくは無地。	お召、紬、小紋地の着物に羽織。羽織は着物と別布も可。	紬、ウール（毛）、木綿などの着物。普通は羽織を着ない。写真は浴衣。
帯	博多献上、錦、綴れなどの絹の角帯で一文字結びが良い。		絹、綿、ポリエステル等の角帯。	絹、綿、ポリエステル等の角帯や兵児帯（へこおび）。
半衿	白半衿が正式。ねずみ色, 黒, 紺の場合もある。		色半衿	浴衣は衿付き襦袢なし
足袋	白足袋。喪服の場合、本来は黒。		白、黒、紺　他。浴衣は素足等。	
履物	畳表の雪駄や草履。鼻緒は、本来は白。喪服の場合は黒等。	畳表の雪駄や草履。鼻緒は黒や濃紺でも可。	雪駄や草履。鼻緒は黒や茶、濃紺等。普段着や浴衣は下駄等。	
結婚式	○	○	△	×
ホテルでのパーティー	○	○	○	×
正式な訪問	○	○	○	×
気楽な集まり	×	△	○	△
小劇場公演	×	△	○	○
夏祭り	×	×	△（単）	○　（単）

紋付羽織袴姿絵「新・技術家庭 家庭分野」㈱教育図書より転載

着物の種類とTPO　女性

着物の種類	黒留袖 くろとめそで	色留袖 いろとめそで	振袖 ふりそで	訪問着 ほうもんぎ
着物と帯				
TPO	既婚女性の第一礼装	第一礼装、準礼装	未婚女性の第一礼装	準礼装
着物	黒地に裾文様で、紋が五つ付く祝儀のためのフォーマルな比翼仕立て（2枚の着物を重ねて着ているように仕立てる）。結婚式や披露宴に出席する新郎新婦の母親、仲人夫人、親族の既婚女性が着用。金銀の祝儀扇。	色地に裾文様で、紋が付く祝儀のためのフォーマルな着物。第一礼装として着用の場合は、五つ紋付の比翼仕立て。祝儀扇。	袖丈が長い華麗な文様の着物。花嫁衣裳の大振袖（おおふりそで）は袖丈104から120cm程、花嫁のお色直しや成人式、謝恩会、披露宴等で着られる中振袖は100cm程。他に小振袖がある。祝儀扇。	肩から裾まで着物全体で一つの文様になっている。明治時代に名付けられた公式な訪問、披露宴、パーティー、茶会等用の着物。未婚、既婚を問わない。
帯	唐織やつづれ織等の豪華な丸帯か袋帯の二重太鼓結び（太鼓部分が二重になる）。振袖はふくら雀や華やかな文庫結び他。			織の袋帯や名古屋帯。太鼓結び。
半衿	白半衿	主に白半衿	白や刺繍の半衿	主に白半衿
足袋	白足袋			
履物	佐賀錦や金銀等の豪華な三段重ね草履。かかとが高いほどフォーマル度は上がる。準礼装では布製、革製などの草履。			布製、皮製などの草履。着物に合わせて。
結婚式	○	○	○	○
ホテルでのパーティー	×	○	○	○
正式な訪問	×	○	○	○
気楽な集まり	×	△	×	△
小劇場公演	×	△	×	△
夏祭り	×	×	×	×

（着物は左半身のみ、帯は半幅に折らずに撮影）

色無地 いろむじ	小紋 こもん	紬 つむぎ	浴衣 ゆかた	黒喪服 くろもふく
準礼装からお洒落着	お洒落着	お洒落着	くつろぎ着	喪服
文様がなく単色で染められた着物。布に地紋があるものとないものがある。紋を付けると、無紋の訪問着より格が上の準礼装になる。準礼装からお洒落着まで、大変便利な着物。	型染等の繰り返し文様の着物。ちょっとしたお出かけ着。	糸を染めてから反物に織る先染めの着物。以前は生糸にできないくず繭や真綿を紡いだ紬糸で織った生地で、昔は普段着とされていた。	木綿に型染や絞り染めの夏の遊び、くつろぎ着。江戸時代の伝統を受け継ぐ浴衣は、白地に藍で染められている。	黒無地、黒喪服は喪の第一礼装。紋が五つ付く。生地は縮緬か羽二重で地紋なし。
織の袋帯や織、染の名古屋帯。太鼓結び。		織、染の帯で太鼓結び。細帯で文庫や、やの字結び。浴衣は木綿や、麻の帯。		黒喪帯は黒袋帯や名古屋帯で太鼓結び。
主に白半衿	白や色半衿	白や色半衿	普通衿付襦袢を着ない	白半衿
白足袋	主に白足袋	白または色足袋	主に素足	白足袋
布製、皮製などの草履。着物に合わせて。草履の台に布製の鼻緒等も。小紋や紬などに下駄を履くこともある。			普通は素足に下駄。	黒布又は黒皮製草履。光らないもの。
○	△	△	×	×
○	○	○	×	×
○	△	△	×	×
○	○	○	×	×
○	○	○	△	×
×	△ (単)	△ (単)	○	×

着物と季節

　着物は季節や気候の移り変わりを敏感に表現する衣服です。梅文様を着て春を愛で、透ける絽を着て真夏の到来を感じる楽しみもあります。場所によって気候が違い、着方も多少異なりますが、暦の上では6月1日と10月1日が衣更えで単(ひとえ)と袷(あわせ)を着分ける目安になります。季節によって形や着る枚数は変わりませんが、6月から9月は裏布を付けない単物（ひとえもの）、7,8月は生地を夏用の薄物(うすもの)の絽や紗等にします。

　季節の柄などを少し先取りすることがお洒落なのですが、私の持っている桜文様の手描きの帯は、梅の時期に締めるわけにはいかず、桜が散ってから締めると季節外れの感じがして、命はかない桜の帯を締めるいいタイミングはなかなか難しいものです。

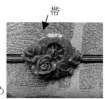

秋から冬に締めることが多い
菊の花の名古屋帯（前部分）

装飾品・バッグ・扇子

装飾品 や バッグ

　和装は髪飾りや帯どめ以外、貴金属のアクセサリーは基本的には身に付けません。特に第一礼装ではイヤリング、ブレスレット、時計等はタブーです。

帯

帯どめ

　バッグ類は慶事の礼装用は高級織物、パーティなどはビーズや刺繍の華やかなもの、お洒落着には牛革や布地製など。小ぶりのものを使います。

礼装用佐賀錦の
抱えバッグ

パーティー等の
ビーズのバッグ

お出かけ用等
の牛革バッグ

カジュアル
なタオル地
バッグ

第一礼装には祝儀扇

　留袖（女性）や紋付羽織袴（男性）の場合は祝儀扇を帯の左側に挿します。（第10章）

袖の長さ・衿の幅

女性用・袖の長さの種類

　女性のたもと袖の長さは身長や好みによって多少差があります。洋服地等で作るお洒落着などは角の丸みの大きい短めの元禄袖にします。

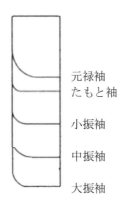

元禄袖
たもと袖

小振袖

中振袖

大振袖

元禄袖	角の丸みが大きい袖 （お洒落着や普段着用）
たもと袖	一般の袖 男性は角の丸みが小さい

未婚女性用振袖

小振袖	初釜やパーティ等
中振袖	お色直しや成人式、披露宴
大振袖	花嫁衣裳

衿の幅の種類

棒衿　　広衿
表地　　裏地

　普通女性用着物は幅約11cmの広衿で仕立てますが、普段着や浴衣は約5.5cm幅の狭い棒衿が多いです。男性用は棒衿です。

　広衿は後ろ衿部分を二つに折り、その後自然に幅を広げて着ます。

◆ 着物の文様をデザインしてみよう

京友禅

石田凱宣作　訪問着「月映」

　　表紙にも使われている着物です。

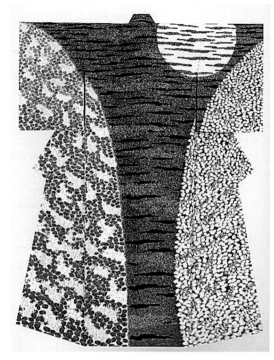

前右身頃の葉のデザイン

KIMONO INFORMATION 1998 年 10 月号 転載

着た時に

　　左身頃が表に出ます。

○全体を一つの絵の
　ようにまとめる文様か
○その絵は肩までつながって
　いる文様か（訪問着）
○裾だけの文様か（留袖）
○型染めの繰り返し文様か（小紋）
○縞文様か（紬等）

文様によってこの着物を
着るＴＰＯが違ってきます。
男性も今では
絵柄のある着物を着るように
なりました。

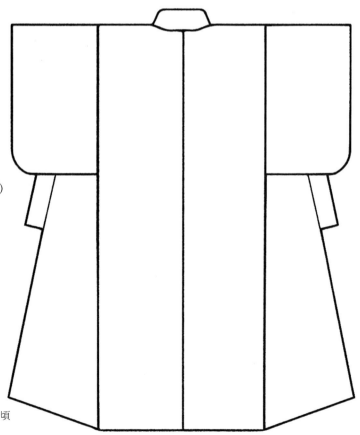

表に出る方の左前身頃

エピソード　イルドフランス・日本庭園公演

　パリ近郊イルドフランスのモンティニという美しい邸宅が並ぶ静かな街に、フランス人男性と日本人マダム典子さん夫妻が所有するお屋敷があります。その石造りの古いお城のような住まいには広大な日本庭園がありました。2019年夏、アヴィニョンフェスティバルオフ参加公演後に、典子さんと仏国立学校ダンス教師の黒井治氏が、その庭の一角に畳を敷いただけの簡単な舞台をしつらえて、気楽な公演を企画してくださいました。日本庭園公演に集まったのは、パリやイルドフランスに住む日本人や日本文化に大変好意的な

黒井氏は浴衣に角帯、素足に下駄

フランス人の方たちでした。巨大なナラの木の下で、さんさんと照り付ける天然の照明を浴びながら、果てしなく続く青空に向かって両手を伸ばし、足元は不安定ながら、演者にとっては何とも心地よい公演でした。公演終了後のパーティでふと周りを見ると着物姿がちらほら見られます。パリの"着物を着る会"の方達でした。帯締めの代わりにベルトを巻いたり、短く着て靴を履いたり、半衿に手ぬぐいを使ったり。彼女達の着方が何ともユニークで、思わず声を上げてしまいました。格式や決まり事など関係なく自由にアレンジしていて、夏の日差しに着物達がフランス流に花開いていました。ただよく見ると着物の生地は日本の絞り染めや麻の上布などの美しい昔ながらの工芸品です。一緒に国鉄に乗ってパリに着いた時も、彼らの着物姿はしっかりパリガレドリヨンの重厚な駅舎に溶け込んでいました。

薩摩琵琶の坂麗水さんと笛の福原道子さんは"単の絽の黒留袖"の着物。黒の着物はフランスの女性達に大人気です。

畳2枚を敷いた舞台。着物右身頃は黄色、左身頃はピンク2色の染め分け、帯は昭和半ばの花嫁衣裳の唐織丸帯を仕立て直した細帯です。

日本から取り寄せた建材で建てられた池のほとりの東屋。私は公演終了後に着替えて"麻の縮み"に細帯、下駄。

≪典子さんのブログから≫

　麗水さんの琵琶法師の語りにエギクさんの端正な舞が深い緑から浮かび上がる、淡々と哀れを誘う笛の音に時折つくばいの水音や葉のざわめきが混じる…。厳粛、哀感。琵琶と笛の独奏の間にエギクさんは着物を着替えて、手ぬぐい一本をいろいろな風に操って愛嬌のある仕草で庶民的なスケッチをして見せたり、桜の花びらを散らせて幽玄な世界を誘ったり。扇子ひとつで情感が揺れ、たった2枚の畳の地から情景が立ち現れ、遠く見えないところまで広がってゆく。

豆知識　帯の話

　女性用帯のお太鼓結びやふくら雀等の一般の帯結びに使うのは 30.5cm 幅で、生地は織と染があります。礼装には唐織やつづれ織りなどの織が、お洒落着には織や染の帯が使われます。種類は表裏が同じ文様の丸帯、表だけに文様があり裏は無地の袋帯、胴回り部分を半幅に折って結びやすくした名古屋帯（P27）等があります。丸帯は厚地で締めにくいことが多いのですが、表裏を気にせずにいろいろな結び方ができます。礼装のお太鼓結びには袋帯がほとんどです。浴衣や普段着、稽古着等で締める細帯は 14cm〜19cm 幅位です。15cm 幅は半幅帯と言われています。男性用は織が主の 10cm 幅前後の角帯と仕立てていない生地でできている普段着用の兵児帯（へこおび）があります。

袋帯　　　　　細帯（半幅帯）　　　　　　　　角帯　　　　　　　　兵児帯

　"とびら"の市松人形は、母が幼少期から大切にしていた高さ 42cm 程の人形です。ほっぺが丸くて目がきょとんとしていて見つめられると思わず頭をなでてしまいます。着ていた着物が傷んでしまったので、人形店に頼んで新しくしました。振り袖に丸帯、絞りの帯揚げ、丸ぐけ（綿入りの布の紐）の帯締め、懐には、はこせこ（女性の紙入れ）をはさんだ最高の礼装です。帯結びは羽を開いた文庫結びです。

　左右の写真は彼女の以前着ていた傷んだ着物ですが、ふき（表に裏布が出ている部分）には綿が入り、二枚重ね（着物を重ねて着る）に長襦袢、帯はたてやの字結びでした。子供なので着物を大きめに作り、ゆきと丈を調節するための肩揚げと腰揚げをしています。

肩揚げ、腰揚げ

二枚重ね、長襦袢
たてやの字結び
ふき

　最近では様々な帯結びが考案され、いったいどうやって折りたたんで結んだのか想像もできない豪華な結びが数多くありますが、私は舞台公演ではあまりこらずに以下のような昔ながらの帯結びをします。踊りに邪魔にならないように細帯を工夫して結ぶ事も多いです。

公演での帯結び

西陣織袋帯　**お太鼓結び**
（お太鼓結びは
一般の帯結びです）

絞り染め名古屋帯
ふくら雀

友禅染め袋帯
後見結び

引き染め丸帯
蝶結び

第4章

着物を着る

蓮花の匂うあたり「仏の宿る 花」2021 年

自分らしい着物姿

　着物を着ることは、難しいことではありません。全員が着物を着ていた時代がある通り、誰もが着ることができるものです。着物を肩にはおり、右衿先を右手で左へ、左衿先を左手で右へ持っていき、身頃を前で重ねてひもで結びとめ、あとは、帯を前で結んで後ろへ回せば完成です。洋服のように羽織ってボタンをとめてベルトを締めるのと大して変わりはありません。

　プロの美容師さんに着付けてもらうと、着崩れないように、着た時の形をそのまま保てるように、ひもを何本も使ったりきつく締めたりして着付けてくれますが、着心地も悪く、うまく動けなかったり苦しかったりするものです。自分で着物を着れば、動きを考慮した自分なりのひもの位置や結びのきつさで、着心地よく苦しくなく着ることができます。ただ、着物は、平面でできている布をひもで結びとめるだけなので、ゆるめにひもを結ぶと着崩れる、という厄介なことが起きます。着ている間に時々ずれを微調整しなければなりません。着物が乱れてくると、見た目ばかりではなく着ている本人も気持ちのいいものではありません。ひどく着崩れる前に元に戻せばいいのです。

　日本舞踊の稽古をする時は着物を着たまま激しい動きをしますが、稽古を中断した時に自分なりの微調整をします。その微調整の動き"しぐさ"が、日本舞踊の振りの中にも多く見られます。裾をたくし上げたり、裾の合わせを直したり、衿元を正したりする動作が様式化され、踊りの一部になっています。もちろん本番で踊っている時に着物が乱れても、微調整をするわけにはいかないので、事前にマジックテープを使ったり、糸止めをしたりして着崩れないようにします。

　着物は着慣れてくると、着方に個性が出てきます。その人の生真面目さ、大らかさ、遊び心が表れたその人らしい着方は、着物姿をより味わい深いものにします。着物を美しく着るための基本、微調整の方法をおさえてから、自分らしい着物姿を創り出してみましょう。

日本舞踊界で活躍するお二人の気取らない自然な着物姿。左の男性は浴衣に角帯、右の女性は単の着物に名古屋帯、太鼓結びです。日本民俗芸能協会の夏季講習会で。

訪問着を自由に着こなしているパリで活躍する日本人の方々。ダンス教師の黒井治氏（右から2人目）は訪問着のゆき寸法をご自分で直して着ています。女性用の着物を男性が着こなしているパリならではの着物姿です。

浴衣の着方

浴衣を着てみよう

女性

1.浴衣をはおる

すそはくるぶしの位置まで上げる。背縫いが背の中心にくるように。左右のえり先を合わせる。

2.前を合わせる

左手の上前を右わきまで持ってきて位置を決め、もう一度広げて、右手で持った右身頃を巻き、左手の身頃を重ねる。浴衣のつま先は左右とも床から 10cm ほど上げる。

3.腰ひもを結ぶ おはしょりを下ろす

ひもを前から後ろへ回し、前で結ぶ。ひもの余った部分は巻き込む。(P42-43) 身八つ口から手を入れ、おはしょりを下ろす。

4.えりを合わせる ひもを結ぶ

胸元を整え、えりを合わせ、ウエストの位置でひもを結ぶ。背のしわは両わきにくるようにのばす。

帯結び　文庫(帯結びは P43-44 にもあります)

1, 「て」をつくる・・・・・・・・　帯の端から50cm ほど、帯幅を半分に折る。残りの部分を「たれ」という。

2, 胴に巻く・・・・・・・・・・・　てを右上に出し、たれを体に二重巻きにする。

3, 結ぶ・・・・・・・・・・・・・・　てを下してたれと結ぶ。てが上。

4, 羽根をつくる・・・・・・・・　たれを肩幅くらいに折りたたんで、羽根をつくる。

5, 羽根にひだをつくる・・・・　羽根の中央を折りたたんでひだをつくる。

6, 羽根にてを巻きつける　てを羽根の上に下ろし、結び目の下をくぐらせ、2回ほど巻き付ける。余った部分は帯の中に入れる。

7, 結び目を後ろに回す・・　羽根の形を整えて、結び目と帯下を持ち右回しで後ろへ回す。

男性

 1.浴衣をはおる
背縫いが背の中心にくるように、左右のえり先を合わせる。

2.前を合わせる
右の下前端が左腰にくるようにして、上前をかぶせる。

 3.腰ひもを結ぶ
腰ひもは前から後ろへ回し、前で結ぶ。ひもの余った部分は巻いたひもにはさむ。

帯結び　貝の口（帯結びは P44-45 にもあります）

1　2　3　4　5　6　7　8

1,「て」をつくる・・・・・・・・　帯の端から30cmほど、帯幅を半分に折る。残りの部分を「たれ」という。

2,胴に巻く・・・・・・・・・・・　ての折山を下にして右手で持ち、体の左端から腰骨の位置で2回胴に巻く。
　　　　　　　　　　　　　　ては中心で帯の上に出す。

3,たれを折り込む・・・・・　たれを短くするため、右わきから肩幅くらいまでたれを内側に折り込む。

4,たれとてを重ねる・・・・　たれを上にして、てと重ねる。

5,結ぶ・・・・・・・・・・・・・　たれをての下にくぐらせて結ぶ。たれの幅を広げる。

6,たれの形をつくる・・・・　たれを下ろし、内側右ななめ上に折り上げる。（女性 変わりやの字 2.参考）

7,てをたれに通す・・・・・・　折ったたれの間にてを通し、たれ先とてを持って引き締める。

8,結び目を後ろに回す・・　帯の結び目と帯下を持ち右回りに回す。結び目は中心から右か左にずらす。

「新・技術家庭　家庭分野」教育図書株式会社　転載

着物の下着

① 衿や袖、胴部分

着物を着る時の上半身用下着は、じゅばん（襦袢）といい、以下の3種類があります。

浴衣の場合、長じゅばん、半じゅばんは着ません。

肌じゅばん…　一番下に着る上半身用の肌着。素材は白い綿の柔らかいガーゼやさらし。

長じゅばん…　着物の下、肌じゅばんの上に着る着物。柄物や無地で素材は絹やポリエステル、夏用は麻等。衿には半衿(衿の部分に付ける取り換え用布)が付いています。

半じゅばん…　長じゅばんの上半身の代用品。素材は、胴部分は白のさらし、袖はポリエステル、絹や麻等。衿には半衿が付いています。通称"うそつき"。

下半身

ステテコ …　男性用女性用のズボンタイプの下着。素材は綿やキュプラ等。

けだし(裾よけ)…女性用巻きスカートタイプの下着。素材は綿やキュプラ等。

② 浴衣を着る時

　一般に浴衣を着る時は、まずは洋服用の下着の上下を着けてから、肌じゅばんを着ます。肌じゅばんがなければ、丸首ではないVネックの白いTシャツで代用しても大丈夫です。さらに、女性は、けだし（裾よけ）という巻きスカートのような下着を腰に巻きます。洋装下着のロングペチコートやロングキュロットでもけだしの代用ができます。男性はステテコをはきます。下着やけだし、ステテコを着ないと浴衣に直接汗が付き、また布が体に張り付いたり、足にまとわり付いたり、足がそのまま浴衣から出たりしてしまいます。私は、女性ですが浴衣で稽古の時は、下半身はステテコやロングキュロットのみのことが多いのですが、浴衣でも人前で踊る時は、キュロットやステテコの上にけだしを巻きます。キュロットや滑りの良いキュプラのステテコを着てからけだしを巻くと、けだしのみの時より足のさばきもよく、動きやすくなります。ただ、けだしの下に何を身に着けるかは、人によって様々なようです。

女性

肌じゅばん

＋

けだし（縦四つ折りにしてあります）

男性（私の稽古の時）

肌じゅばん

＋

ステテコ

③ 高級素材の浴衣や　絹物等の着物を着る時

　女性は、肌じゅばんとけだしの上に、長じゅばんかうそつき（半じゅばん）を着ます。女性用長じゅばんは、おはしょり分がなく着丈より少し短くできています。身幅は表の着物より狭く、女性用袖丈は表着物の丈より1cm程短くできていて、表の袖にフィットするようになっています。半じゅばん、通称"うそつき"は長じゅばんを着ているように見せる上半身用の下着です。長じゅばんもうそつきも半衿は汚れたら外し、きれいにして再び付けます。半衿が付いたまま洗濯できるものもあります。

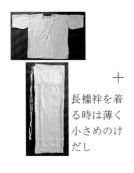
長襦袢を着る時は薄く小さめのけだし

＋

女性用長じゅばん

半衿は取り替えができる

又は

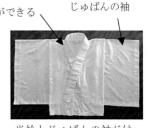
半衿とじゅばんの袖が付いたうそつき。（両脇は折り込んであります。）

じゅばんの袖

　男性は、肌じゅばんとステテコに、長じゅばんかうそつきを着ます。

男性用着物は、袖の人形部分が縫い合わされていて表にじゅばんの袖が出ません。

＋

男性用長じゅばん

又は

半衿、じゅばんの袖が付いたうそつき

Tシャツに半衿の付いた（大）うそつきです！

④ 便利なうそつき（半じゅばん）

　　長じゅばんは、高価で傷みやすいので日本舞踊をする人は“うそつき”を着ることが多いと思います。私は舞台公演の時でも、白羽二重（絹平織）の半衿を付けた袖なしのうそつきを着ます。うそつきに付いているはずのじゅばんの袖は、着物を仕立てる時に、じゅばんの袖を白羽二重で別に縫ってもらい、着物の袖付け部分に縫い付けてしまいます。もっと“うそつき”です。絹の袖の付いていない本番用のうそつきは、胴は綿なので、絹の半衿のみを外して洗濯機で洗うことができます。また、着物に直接じゅばんの袖が付いているので、着物の寸法にじゅばんの袖寸法が合うか気にせずに済み、大変楽です。

レース袖のうそつき

　　じゅばんの袖丈や袖幅が表の着物寸法と合わないと、表の袖のたもとからじゅばんの袖がはみ出たり、袖の中でじゅばんの袖がたるんだりしてしまいます。じゅばんの袖と着物の袖がぴったりと合うことがとても大事です。ただ、着物の袖と襦袢の袖が合う必要のない、レースの筒袖の付いたうそつきもあります。とても便利で私も愛用しています。レースの筒袖付きのうそつきは、気軽なお洒落着や普段着用で、普通はじゅばんの袖は表の着物の寸法と合い、けだしは袖と同じ色柄でなければ長じゅばんの代用品にはなりません。うそがばれてしまいます。私はほとんどの場合、じゅばんの袖もけだしも白ですので、気にする必要もありません。袖とけだしが同じ色柄の布でできているうそつきとけだしもセットで売っています。

　　うそつきを着た場合の下半身に、私はステテコや下着用キュロットをはいてから広めの白いけだしを巻きます。立役（男形）をする時、足を開くことがありますが、腰回りをたっぷりとったキュプラの広幅のけだしを着ると、下のステテコや足が見えずに済む、という利点もあります。

　　関西発祥の人々の哀歓をしっとりと表現することが多い地歌舞の舞踊家は、ちらりと見える長襦袢の柄にもこだわって衣裳を整えています。足の運びや手の動きと共に裾や袖口、袖の振りからちらちら見える色鮮やかな長襦袢はとても優雅です。もちろん着物愛好家は、普段でも色柄の美しい長襦袢を着ています。

腰ひも

① 手作り腰ひも

　　私は着物専門店で売っている腰紐を使いません。綿のさらし（布地屋さんで売っています。幅約34㎝長さ約10m）を5等分（約2m、ひもを締める位置のまわり×2+40㎝位）して縦に2等分（16〜17㎝幅）し、それを3つに折り、一周ミシン縫いをして、幅5㎝ほどの手作りひもを使っています。よく締まり、滑らず、簡単に洗濯もできるので重宝しています。

両端は1㎝位折り込む

5.5㎝位

一周ミシン縫い

みみ

② 腰ひもの結び方

女性の2本目に巻く
ひも結びの写真です。

腰ひも中央を前中心にあて、後ろにまわす。**女性**はひもがずれないように、ひもをウエスト位置にまわす。**男性**は腰骨の位置に巻く。

女性

前中心で2回結ぶ。
結び目が大きくなけ
れば蝶結びでもよい。

余分な端はひもにしっか
り挟みこむ。上から挟むと
下に落ちてこない。

前　　　　後ろ

男性

③　女性用腰ひもの代用　衿が開かないための便利グッズ

コーリンベルト

　　左身八つ口奥で右衿をクリップではさみ、後ろに回して
右側ウエスト部分で左衿をはさむクリップ付のゴムベルトです。
衿が背を通っているゴムで左右に引っ張られ衿元がゆるみません。
クリップが体に当たって痛くならないように、クリップは衿の下方部分をはさみましょう。

帯の結び方

　　ここでは、P39浴衣の着方・女性で説明をした文庫結びではなく、"羽根とてを結ぶ"文庫と、一文字、
変わりやの字、男性は、**片ばさみ、一文字結び**の説明をします。

① 女性　細帯（半幅帯）結び

　　自分で結ぶ（前で結んで後ろへ回す）帯結びです。文庫結びでてを羽根に巻くのではなく、以下のよう
に"羽根とてを結ぶ"とほどけにくくなります。左利きの人は、最初にてを右にすると結びやすいでしょう。

文庫

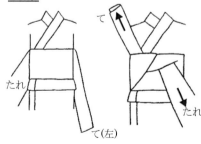  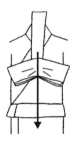 

帯端の位置で
羽根長さを調節

1.て(左)を
70cmほど残し、
たれの方を2～
3回胴の周りに
巻く。

2.てを1/2幅に
折る。てが右上
になるように
結ぶ。

3.たれ（左）を自分
の肩幅位の長さに
折りたたむ(羽根)。
羽根の中心に結び
目が来るように調
節する。

4.羽根の中心を左手で握り、結
び目の上に置く。てを上から下
ろすようにして、左手親指に沿
って、てを通し、折りたたんだ
羽根の根とてを結ぶ。

一文字

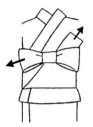 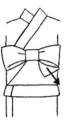 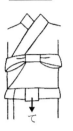 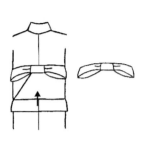

5.てと右の羽根を引いてしっかり結ぶ。

6.てを下におろして開く。

7.帯の結び目と胴に巻いた帯の下を持って右回りで羽根を後に回す。羽根下の帯に小さいタオルをたたんで入れて結びの下を少し膨らませると羽根が安定する。

小さいタオルを入れるとよい

1～5 は文庫結びと同じ。
6.てを帯の間に入れ下に引っ張り出す。帯の結び目と帯下を持って右回りで後に回す。

7. 羽根を後へ回したら 6.で下に出したてをたたんで帯の間にしまう。羽根を体に対して直角に横にぴんと張る。

変わりやの字

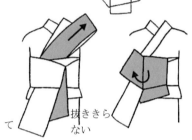 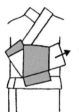 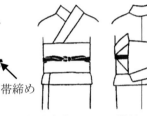

抜ききらない

帯締め

1.胴に２回巻き、てが下になるように帯を折らないで、結ぶ。帯は抜ききらないで下に残す。

2.ては 1/2 幅にせずそのままの幅で。左上の帯を下ろしてたたむ。

3.てを右から左にたたんだ帯の中に入れて、ゆるく結ぶ。てが長すぎたらての先を折る。

4.ほどけやすいので、帯締めでとめる。てのすぐ上に帯締めを通して軽く後ろで結んでおく。帯の結び目と帯下を持って右回りで後に回し、帯締めを前でしっかり結び直す。

② 男性 角帯結び 片ばさみ

帯締めの結び方
右左は自由

1.帯締めを左右同じ長さにして左上で重ね、下から通して結ぶ。
2.右上の紐を左に折る。　3.左下の紐を上から 2.の右紐に通す。
4.しっかり結んで、端は帯締めの上から横ではさむ。

たれを折り込む
右腰骨　て先

同じ長さ

たれをて先の上に

たれを上に引き出す

たれを帯の間にはさむ

1.て先の帯幅を二つ折りにし、右腰骨までの長さに、て先を決める。胴に二巻きか三巻きし、中心でて先とたれの長さが同じ寸法になるように、たれの残りは内側に折り込む。

2.たれをて先の上に交差させて、重ねる。

3.たれはて先の下から上に引き出ししっかりと結ぶ。たれとて先のしわを伸ばす。

4.たれ先を胴に巻いた帯の間に挿し込む。

5.帯の間に通したたれ先を左斜め下に引き出し、て先とたれ先を程よく引いておく。帯の結び目と帯下を持って右回りで後へ回す。

参考　装道きもの学院編「新　帯結び全書」主婦と生活社

一文字

二つ折り

たれ

て約20cm

てを帯に直角に立てる

羽根の中央と
結びが重なる

1.て先の帯幅を二つ折りにして、ての長さ20㎝を中心に当て、体形に合わせ、たれ側を胴に二巻きか三巻きして締める。

2.締めた後、たれの折り幅も結びやすいように下側を折り上げるように二つ折りにする。

3.てを下ろして、たれの上に交差させ、て先を上に引き出して結ぶ。結んだ後はゆるまないように、てを上に立てる。

4.たれの帯幅を広げ、羽根を帯幅の約3倍の寸法で折り返してたれ先からたたむ。羽根の中央に結びが来るように調節する(女性文庫結び3.p43参考)。

5.たたんだ羽根の中央を帯幅が二ツ折になるように左手で握って結び目の上に置く。

6.右手で、てを下ろす。

7.左手の親指に沿って、てを通す。羽根とてを結ぶように。左上に、てを出す(女性文庫結び4 p43参照)。

8.て先を羽根の下に下ろし帯の間にはさみこむ。帯の結び目と帯下を持ち右回りに後へ廻す。

着物姿・美しく着るためのポイント

① 女性 お太鼓結び(帯の一般的な結び方)

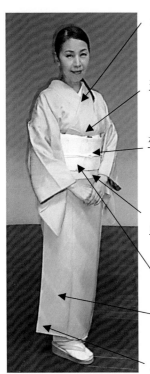  

衿元
衿がたるんでいないぴんと張った状態。半衿が細く見える。

帯揚げ
お太鼓をとめる帯揚げは細く少し見える位。

帯締め
帯がほどけないようにする組ひも。前帯巾の真中に横にまっすぐ。ひもの端は帯締めに挟む。

おはしょり
見えている部分が均一に約5㎝幅位。

帯の位置
胴回りウエストの位置。

衿後ろ
後ろ衿を抜く(引く)。着物の種類、TPOによって抜き加減は調整する。普通は首の一番上の突起が見える位。

後背
背縫いが後ろ中心にあり、後ろ身頃の布がたるんでいない。

後ろ帯の位置
後ろ中央
ヒップの高い部分にお太鼓のたれが乗る位。

前合わせ
右身頃が下でしっかり体に巻かれている。裾の後の長さはかかとが少し隠れる位。

つま先(裾の角)
少し上がっている。

45

女性の場合の体の補正

ウエストの細い部分に帯を巻きますが、ウエストが細く、くびれている場合は、帯のへこみやしわ防止のため、タオル等を巻いて体のへこみを多少補正します。胴回りが細くなっていると帯が結びにくいからです。私は舞台の時や、お太鼓結びをするときは、動きを妨げないほどの少量のタオルを、自分の体に合わせて折りたたんで巻きます。胴にタオルを巻きすぎると帯の部分が膨らみ、帯が主役の着物姿になり、また腰ひもがしっかり締まらず着崩れの原因にもなりますので、バスタオルを巻くことはありません。細長く二つ折りにした薄めのタオルの中央に8つ折りにしたタオルを重ねて縫いとめたものを胴に巻きます。ウエストと後ろのヒップ上部のへこみを補正し、帯をやや高めに安定させるためです。

胴に薄いタオル、胸には綿の詰め物。

細帯の場合でも薄いタオル1枚くらいを胴に巻くと、帯のへこみを防げますが、私は浴衣で細帯の時はタオルを巻きません。その代わり帯のしわやへこみを修正するために、前部分には帯板、後ろの結び下には折りたたんだ小さなタオル等（P44）を帯に挟みます。舞台の時には腰にタオルを巻き、胸の部分にも専用の綿の詰め物を身に着け、胸に張りをもたせます。補正用グッズも市販されています。

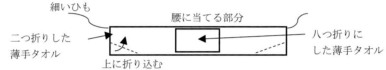

細いひも　　　　　　　腰に当てる部分

二つ折りした
薄手タオル　　　　　　　　　　　　　　　　　八つ折りに
　　　　　　上に折り込む　　　　　　　　　　した薄手タオル

衿元

半衿

衿元は着物姿の美しさに大きくかかわります。開き過ぎたり、たるんでいたりすると、乱れているように見えます。若い時や着物を着慣れるまでは、写真のようにピンと張った状態でしっかり合わせるとよいと思います。衿の合わせ方は、体形や着物の種類、好みなどによって変化させれば個性を出すことができます。着物の衿はすぐにずれたり開いたりしてしまうので、時々手で半衿や着物の衿の重なりを微調整します。安全ピンでじゅばんの左右の衿の重なりを、表に出ない部分で留めておくこともお勧めです。

衣紋（えもん）を抜く量

衿足を少し見せるように衿を後ろに引いて着ます。この衣紋（えもん）を抜く量も衿元と同じように体形、着物の種類、好みによってかなり違います。普段着や稽古の時、浴衣を着る時などはあまり衣紋を抜かず、背骨の一番上の突起だけがやや上から見える位（写真）にします。くつろぐ時などに浴衣でも衣紋を多く抜くこともありますが、出かける時は浴衣の衣紋は、あまり抜かずに着るのがよいと思います。着物を着慣れると自分らしい抜き加減になります。

前合わせ　つま先　後ろ中心

女性は裾のつま先が少し上がるように左右を合わせ、裾が細くなるように着ます。このように着ると着物の裾を踏むのも防げ、また全体が逆三角形ですっきり見えます。着崩れると胴回りがゆるみ、裾が広がってしまい、歩きにくく見た目もよくありませんので、着る時は左右前身頃をしっかり腰に巻き付けます。

着物の身幅が自分の寸法と合わない場合は、帯下の後ろ中心が体の中心と多少ずれても大丈夫です。帯上の上半身は着物の後ろ中心と体の中心を合わせます。

着丈

　浴衣は、くるぶし位までの少し短めに、絹物は、床から3～5cm位上がった、くるぶしの下位の長さに着ますが、雨などの天気や出先、その日の行動によって少し着丈を調整します。

おはしょり

　帯の下から出ているおはしょりは、均一に5cm幅位が美しいと思います。着物の丈が自分に合わない場合は、以下の方法でおはしょりの量を調節します。

〈着物の身丈が長過ぎる場合の調節〉

　　方法1.　最初の腰ひもを高めに巻き、または1本目の腰ひもの上にもう1本腰ひもを巻き、
　　　　　　おはしょり丈を少なくする。

　　方法2.　1本目の腰ひもを巻いた後、身八つ口から手を入れておはしょりを整えて2本目の腰ひも
　　　　　　を巻いてから、もう一本、腰ひもや伊達じめを使って、余分のおはしょりを上げてとめる。

〈着物の身丈が短か過ぎる場合の調節〉

　　方法1.　1本目の腰ひもを少し下に巻き、おはしょり用の着物の折り返しを下方にする。

　　方法2.　おはしょりなしで着る。この場合も、腰ひもを2本使う。ウエストに巻く1本目の腰ひも
　　　　　　で裾を整え、2本目の腰ひもで衿元を整える。

　前の衿元と後ろの衣紋の抜き加減、裾のライン、帯から出る整ったおはしょり線は女性の美しい着物姿の基本ですが、それはおはしょりでの調整で作られるのです。

後ろ背

　帯の上の背中の部分(後ろ背)の布がたるまないようにします。着物を着ておはしょりを整え、2本目の腰ひも（又は伊達じめ）を結んだ後、後ろ中心のおはしょりを引いて後ろ背の皺を伸ばし、衣紋の抜き加減をさらに調整します。帯結びをした後も、着ているときも時々後ろのおはしょりを引いて衿や背を整えます。

②　男性　角帯、貝の口結び

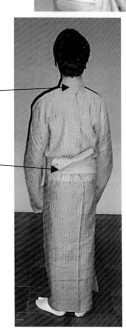

衿元
衿がたるんでいない
ぴんと張った状態。

帯の位置
腰骨の位置。

前合わせ
右身頃が下でしっかり体に巻かれている。

着つけ長さ
　長さはおはしょりがないので着物の丈のまま。着物の背縫いと体の後ろ中心を合わせ、左右偏らずに着る。

衿後ろ
男性は首に衿を沿わせて着る。

後ろ帯結びの位置
貝の口は中心より少しずらす。

47

帯の位置

腰骨の周りに巻いて固定します。痩型の男性は、帯の部分が細くなりすぎるので、帯の下にタオルを巻く必要があります。

衿元

家で着る時や遊びの時は、衿元を広げて開放的にゆったり着ることが多いですが、外出の時は写真のようにしっかり衿を合わせて着ます。

後ろ衿

首に沿わせて着ます。女性のように衣紋は抜きません。

着くずれを直す

動くことにより、衿元が開き、裾の合わせがずれてくるので、常に衿と裾を微調整します。

前衿元のたるみ

女性　前おはしょりの左右衿部分を下に引いて、衿元のゆるみを引きしめます。着物の後身頃をまくって長襦袢や半じゅばん（うそつき）の後ろ中心の布を引いてもえりは締まります。

右は衿を直接引く　　左は衿をおはしょりの上から引く

男性　帯の下の衿先を引いて整えます。左の衿先は着物の裾をめくって引きます。

後ろの衿、後ろの背部分のたるみ

女性　後帯下のおはしょりを引いて、後ろ衿、後ろ背部分を整えます。

男性　後帯下で着物の後背部分の着物を引きます。

衿先を前から引くことでも、後ろ衿はしまります。

女性の細帯の場合は着崩れることが多いのですが、前から、後ろから衿やじゅばんの衿、又おはしょりを引くことを心がけると、着崩れは大変少なくなります。

着物の裾を踏んで裾が下がってしまった。裾が広がってしまった（裾広がり）

女性　1. 右側のおはしょりをまくり、または手を入れて腰ひもの上で衿先や衿下を引っ張り上げます。

　　　2. 上前の着物(左身頃)をまくって下前の衿先や衿下をひもに挟み込みます。

おはしょりをまくり、または手を入れて衿先や衿下を上に引っ張り上げる

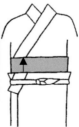

左身頃をまくって、下がってしまった衿先や衿下をひもに挟み込む

男性　帯の下で左右の衿先を右や左に引いて、開いた着物を引き締めます。

着物の着崩し

　着物をいい加減に着た時は、なぜか気持ちが引き締まらず、背も丸まり首も前に垂れてしまいます。着物を着ることは、足袋をはく、下着を着る、着物をはおる、ひもを巻く、帯を締める等いろいろな作業の積み重ねです。衿、裾合わせ、ひもの結びや位置、帯結び、一つの作業でもおろそかにすると、ずれたり着崩れたりする原因になります。きちんと丁寧に着ることができた時は、気持ちも引き締まり、背筋も伸びます。慣れるまで、少し時間をかけて丁寧に着てみましょう。初めてお稽古にみえるお弟子さんたちも、1週間に一度着ることを2か月程続けると、一人で着ることができるようになります。そしてどのような時に着崩れるのかがわかってくれば、自然に姿勢も動作も変わってきます。こうして日本人独特の中心軸の通ったピンとした姿勢ができてきたのかもしれません。

着物をゆったりだらりと着ていた時代

1940年代
母（左端）
と友人達

1960年代
伯父夫妻

　実はここまで書いてハタと考え込んでしまいました。日常着として着物を着ていた昭和の写真を見ると、皆、着物を緩やかにゆったりと着ています。今でこそ着物は最高のおしゃれ着として礼儀にかなった着方になっていますが、着物が日常着だった時代には、ひもも帯も締め過ぎずだらりとしていて、邪魔な裾をからげたり、袖を挟んだり、ひもでくくったりして、着崩れにも無頓着のようです。格式にとらわれない庶民たちの着崩しは、片肌脱ぎ、裾からげ、しりばしょり、たすき掛けなどの歌舞伎舞踊の様式美にもなっています。今のお祭りの御神輿かつぎの浴衣姿にもよく見られるあの着方です。基本の着方をした後に、着物を少しゆったりとだらりと着て、"しりばしょり"や"たすき掛け"などで、動作に邪魔な部分をからげる着方も是非試してみてください。

裾からげ
（前裾を腰ひも
や帯に挟む）

しりばしょり
（後ろの裾を
帯に挟む）

片肌ぬぎ
（片身頃を肩
から外す）

（ひもを袖の中から
背に通して縛る）

三谷一馬「江戸庶民風俗絵展」転載

たすき掛け
（ひもで袖をからげ、背で交差させて前か後ろで縛る）
「初めての海外旅行」帰国音頭

49

　今日は 2021 年 8 月 26 日です。昨年春からコロナの嵐が世界に吹き荒れ、最近では日本でも変異したデルタ株が蔓延し、全国の感染者が 2 万人を超える日が続いています。このコロナ禍の緊急事態宣言の中、悩み抜いた末、今年の 5 月に「蓮花の匂うあたり」という舞踊三題、演奏二題のリサイタルを実行しました。37 ページの写真がその時のものです。

　舞踊三題はフランスでの印象深い経験から生まれました。2009 年アヴィニョン演劇祭の帰りに、ジベルニー・モネハウスの睡蓮池のほとりで、パリに遊学中だった友人とのおしゃべりに夢中になった豊かで平和な時間、2019 年のパリのギメ東洋美術館で仏教美術に囲まれた時の清新なピーンと張った空気感を思い出しながら創りました。舞台美術製作の仕事をしていた友人は、帰国後の 2011 年に東日本大震災で被災し、福島の住まい兼アトリエを追われ、今も帰ることができません。

　祈るような気持ちで主催した公演「蓮花の匂うあたり」第一章　仏の宿る花、で選んだ着物は、以前"かなたへ"という光をテーマにした作品で着たものでした。母が友禅作家に依頼して誂えてくれた黒地にまき糊で白い星屑を散らした、地味であまり語らない静かな着物で、柔らかい光沢のある生地は体にまとわりつくような着心地の良さです。じゅばんの衿、袖は白羽二重、衣紋は普段着より少し多めに抜き、衿元はじゅばんも着物もしっかり合わせ、着物の裾は、床から 3cm 程上、動くと白足袋が見える加減です。舞台美術は"霧のように雨のように降り注ぐ"1100 本の細い棒を吊ったものです。照明の変化で様々な景色や心象風景を映し出してくれました。美術に合わせた髪型は膨らみを最小限にし、数本の黒と銀の棒をかんざしとして髪に挿し、銀の細帯を直線的に結びました。

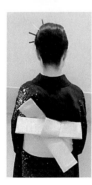

Vol.65 リサイタル　2021 年 5 月 21 日
蓮花の匂うあたり「第一章　仏の宿る　花」

第5章

着物を着て動く

シリーズ花子日記「花子は家庭科教師」2010 年

着物を着ているように動く

　着物を着て動くことは、慣れるまでは少し難しく感じるかもしれませんが、コツがわかれば誰にでもできます。まず、着物がどのようにすると乱れるのか、体で覚えるために何度も着て動いてみるのが早道です。着て動きながら頭の中に着物の形を叩き込み、自分で着物に合わせた動きを創ることでもあります。鏡を見ながら研究するのもいいと思います。着物は直線裁ちの衣服なので、洋服のようにダーツやいせ込みを入れたり、カーブを付けたりして体に添わせるように作られてはいません。基本的に平らな四角い布なのです。伸び縮みする布ではないので、着物が体に合わせて変形することもありません。また、ひもで長さ調節をして結びとめているだけなので、常に着ていることを意識しなければなりません。着物に合わせた立ち姿や姿勢や動きをしないと、踏んで着崩れたり、ずれたり、どこかに引っかけたり、へんなしわが寄ったりする原因になります。着物に合わせて動きを変える、このような生活の中の気配りが日本の文化に繋がっているのかもしれません。

　「えっ、着物を何度も着て、着物の形を頭に叩き込む？そんなこと自分には無理だ」と思われるかもしれませんが、大丈夫です。着物を着なくても、伝統的な中心軸の通った動きで、立つ、座る、歩く、挨拶をするなど、着物を着ているかのように動くと、大変すっきりした動きになります。それは清潔感や礼儀正しさに繋がります。着物を乱れさせないような、余計な動きを削り落とした動作は、自分を律した美しさを生みます。洋服を着ている時でも、大切な場所での挨拶などでは、必ずよい印象を与えます。

　この章では、日本人が着物を着て創り上げてきた、日本の礼儀にかなった型や動き方を学びましょう。洋服のままでも大丈夫です。是非動いてみて下さい。普段の生活でも役に立つこと間違いなしです。

シリーズ花子日記「初めての海外旅行」渡欧の舞　2018年
　日本舞踊は男性女性をはっきり踊り分けます。男形は足のつま先をハの字に開いて、膝を外側にし、歩幅を大きく動きをはっきりと、女形はつま先と膝を内またにし、歩幅を狭く、ひじを少し曲げてやや小振りに踊ります。写真の"渡欧の舞"では初めて海を渡り海外へ行く意気込みを、男形で表現しました。

日本舞踊の基本の動き

日本舞踊の基本となる、①立ち姿　②座る、立ち上がる、お辞儀　③すり足　を説明しましょう。

① 立ち姿

　中心軸がぶれない姿勢で立ちます。常に背に力を入れ、背筋をまっすぐに保ちます。このような姿勢は引き締まった印象を与えます。あごは少し引き、視線を水平よりやや下げます。

1.尾てい骨から登頂まで、上下に引っ張られているように背に力を入れてまっすぐ伸ばす。肩先を少し下にさげる。

2.おへそと、でん部を体の中心に引くように力を入れる。

3.あごを少し引く。

4.視線を水平より少し低めにする。

5.腕は力を入れず自然に下ろし、手の指先は伸ばして全てそろえ、**男性**はももに、**女性**はももに置くか手先を中心で重ねる。

6 **男性**は足のかかとを少し離し、つま先をややハの字に開く。**女性**はかかととつま先を合わせる。足のかかとではなく、つま先の方に体重をかける。

7.写真撮影などでは、**男性**はそのまま体を少し斜めに、**女性**は片足を足の半分の長さ程、斜め後方へずらし、体を斜めにすると美しく撮れる。

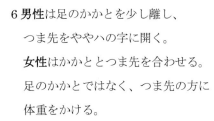

　体が安定しない時は、呼吸を意識したり、自分の前や1点ではなく、床を含めた視界全体を見るようにするとよいでしょう。

②　座る　立ち上がる　お辞儀

　着物を着ている時は、自分を着物に合わせるような気持で、袖の揺れ、裾の開き、乱れを計算して動きます。中心軸をまっすぐぶれずに保ち、手と足、体のおへそやももを意識しながら動かします。無駄な動きをしないので、着物が乱れません。

座る

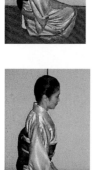

1. 真っ直ぐに立ってから、左足を後へ引いて、背をまっすぐに伸ばしたまま、座るまで同じスピードで、揺れずに静かに腰を落とす。

2. 座った時に上がっている右膝を引き、両膝を床に付け、かかとの上に腰を乗せる。右膝を引く時に乱れた着物の上前を右手で引き込みながら膝を引くとよい。

3. 立てているかかとを伸ばし、腰を落とす。
   足のかかとを開き、腰を乗せ、親指先を重ねる。時々親指の上下を替えるとしびれを防げる。
   男性はこぶし1から2つ分程両膝を開き、
   女性は膝を付ける。

立ち上がる

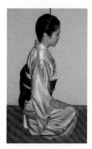

1. 座ったまま、腰を上げ、足の両つま先を立てて、腰をかかとに乗せる。

2. 右膝を少し前に出して立てる。姿勢を崩さないようにまっすぐにゆっくり終始同じスピードで立つ。背骨が上に引っ張られるように背を伸ばしてから、ももの筋肉を使って立つ。

3. 後ろ足を前足にそろえる。

いつも一つ先の動作をイメージして 1,2,3…とカウントを取りながら行うとスムーズにできます。ももや背の筋肉を意識し、常に頭頂から引っ張られているように、背をまっすぐ伸ばしたままで行います。
手は指先をそろえて、すその乱れを直す時以外はももに当てたままにします。
左足を引いて座る、右膝を先に立てて立つのは、着物の衿下（着物の端）が右側にあり、右足の自由が効くからです。

お辞儀

　背を伸ばし、首は背と一体化して、首だけ下にさげることはしません。背と首を一緒に前に曲げた時、目は膝や足元ではなく、少し離れたところをしっかり見ると一瞬の緊張感が出ます。挨拶の時、相手から目が見える、見えないは非常に大切な一要素です。その時の挨拶の種類で、お辞儀の深さを決めます。

　手を床に付けた時、お辞儀をした時、戻した時の<u>動作の一瞬一瞬を止め、型を印象付けると美しさと緊張感が出ます。</u>（残心ざんしん…型の印象を残し、相手への心を残すこと）

座礼

1.背を下げ、指を伸ばしてそろえ、左右の人差し指の先を合わせ、人差し指から小指までを床に付ける。手の付け根は浮いている。　腕は突っ張らず自然に。手の先1m程の前方を見る。

2.ひじを横に張らずに自然に曲げて背を下げる。首だけ下げない。手先の20～30㎝位前方を見るが、深いお辞儀の場合は体をぐっと下にさげ、自分の手先を見る。

3.ひじを伸ばしながら背と視線を上げ、1.の形に戻る。

立礼

1.指を伸ばしてそろえ、腕は突っ張らず自然に下ろし両手をももに付ける。

2.腰から曲げてゆっくり前に傾ける。首だけ下げない。足元の少し前方を見る。
　深いお辞儀は、自分のつま先を見る。

3. 2.で傾けた時と同じスピードで背を伸ばしたまま体を起こし1.の形に戻る。

深いお辞儀

③ すり足 … 歩く

　日本舞踊の基本の歩き方です。男女共①立ち姿、のかかと、つま先を付け、体重を少しつま先の方にかけたやや前のめりの立ち姿をしてから、膝を少し曲げて腰をほんの少し落とします。腰を下げることでおへそ、ももの筋肉に力が入ります。足を前に出す時、足裏のかかと部分で床をこするように、足を滑らせて歩きます。足裏で床を常に感じて（床をつかむ）、はじめは前足のつま先、最後は後ろ足のかかとまで意識して歩きます。男性も女性も足は前に真っ直ぐ出します。前足の足裏のかかと部分が床に吸い付いているように歩きます。体の中心軸がぶれないように力を入れて背を伸ばし、頭や体を揺らさず、あごを少し引いて、おへそに力を入れて真っ直ぐ歩きます。進行方向一点を凝視して歩くのではなく、床を含めた視界全体を意識します。背やおへそ、もものことを考えて歩くようにすると体がぶれません。常に次の動作をイメージして、一つ一つの動作を重ねていきます。足裏が床を擦るサッという音、左右の足袋の擦れ合うシュッという音、サッシュッが則正しく聞こえるようになれば、日本的な動作の基本は一応習得したと言えるでしょう。

　　　1間（180 cm）を4〜5歩くらいで、畳の縁や敷居を
　　踏まないように静かに歩きます。

1. 両手の指を揃えてももに置き、膝を少し曲げ、かかとで床をこするように真っすぐに足を前に出す。女性の歩幅は自分の足底の長さ程、男性はさらに多めに足を前に出す。
2. おへそを押し出すようにして、重心を前に移動させる。この時、前足で床をつかむことを意識する。
3. 前足に体重をかけた時、後ろ足のかかとが上がり過ぎないように注意する。

足を出して重心を前に移動

日常生活での動き

① 歩く

　すり足のように腰を落として、狭い歩幅で歩く必要はなく、着物の前裾が波打つように自然に、歩幅を洋服の時よりやや小さめに歩きます。下に着ている長じゅばんやけだしが多少見えても大丈夫です。背を伸ばし、あごを少し引き、おへそと足のももの筋肉を意識して歩きます。手は何も持っていなければ体の横で軽く握り、足に合わせてほんの少し振ります。草履や下駄が、かかとからあまり離れないように、パタパタさせないで歩きます。

② 階段の昇り降り

　　女性は、着物の上前、衿下上端を、足があまり出ない程持ち上げて、裾を踏まないように、また階段に着物が触れて裾を汚さないように気を付けて昇り降りします。

　　男性は着丈寸法が短いので普段通りで良いと思います。

裾を持ち上げる

③ しゃがんで物を拾う

しゃがむ

しゃがむと着物がたれて裾が汚れるので、股の間に着物の
衿下をはさんでから腰を落とすと着物の裾が床につきません。

衿下の部分を膝の間
にはさんで座る

三谷一馬「江戸庶民風俗絵展」転載

膝の間に
はさむ

物を拾う

腰を落としてから袖が床につかないように、片手で
袖のたもと（袖の振り部分）を持ち上げて拾います。
（写真のように）裾が床に付かないように、少し腰を
上げておくとよいです。

たもとを持ち上げる

④ 袖使い

袖を上手に処理することが、着物を美しく着こなす上で大変重要です。袖が大きく揺れることを避け、袖の動きや位置を常に意識するようにします。また、女性はひじから上の二の腕が出ないように動きに工夫をします。

リオデジャネイロオリンピックの閉会式でオリンピック旗を頂いて振る次回の開催地東京の女性都知事の訪問着姿を見て、少しがっかりしました。知事は袖の振りを帯締めに挟んで旗を振っていたのです。あのように大きく腕を振らなければならない時は、袖を如何に揺らさないで旗を振るかを工夫すれば、帯締めに挟んでしまうことは必要なかったと残念に思いました。袖をからげてしまうと労働着のようになり着物の優雅さが損なわれるからです。

腕を大きく使う時は、背を伸ばしたまま体の中心を動かして腕の動作の補足をします。体の中心軸と共に腕を動かすと、腕が大きく動きすぎず、袖が腕に引っぱられず、着物を乱れさせないからです。

袖のたもとを持つ

手を伸ばす

女性は手を伸ばしたときに、袖のたもとを手で押さえて、
袖から腕があまり出ないようにします。
男性は袖の長さも短く、たもとを持つことはあまりしません。

手を上げる

女性は袖のたもとを持って袖からひじが出ないように手を上げます。

ひじを少し曲げて、袖が落ちないようにしてから手を上げたり、また、袖が落ちてこないように気を付けながら手を上げて腕が出ないようにします。

上に手をあげて止まっているときは、肘を曲げて袖が落ちてこないようにします。

電車のつり革を持つ時はたもとを引く。

手を上げる前にひじを少し曲げて、曲げながら上げる。止まっている時は、肘を少し曲げている。

男性は、たもとを持つことはしませんが、礼装などの時は腕が出過ぎないように注意した方が良いと思います。

腕を大きく振る

袖の振りは下に落ちているままにして、袖がぱたぱた揺れないように腕をゆっくり使います。

腕だけを振り回すのではなく、体の中心を動かして腕を振ると袖が揺れ過ぎることはありません。

正座

たもとは両脇に自然にたらします。

女性は、手の指をそろえて膝の上に重ね、

男性は、ももの付け根に置きます。

椅子に座る

女性は椅子に浅くかけ、片足を少し後ろへ引いて、また両足をそろえて座ります。袖は両側に垂らします。

袖のたもとが床についてしまう振り袖の場合は膝の上でたもとをクロスして重ねるとよいでしょう。祝儀扇を持っている時は右を要にして扇子の両側を持ち、何も持っていない時は、指をそろえて手を膝の上で正座と同じように重ねます。

男性はやや深く座り、膝を拳２つ分ほど開いて座ります。袖は両側です。背筋を伸ばし椅子の背によりかかりません。手は膝の上に乗せます。

袖や裾をたくし上げる必要がある時

女性は左右の衿下をそれぞれ左右の手で持ち、袖を内側にしまって裾をクロスさせて持ち上げ、帯に挟みます。着付け用クリップを使って、裾を帯にとめると便利です。

着付け用クリップ

◆着物を着て動いてみよう

　　浴衣を着て足袋をはき、「さくらさくら」「荒城の月」などのゆったりとした古風な曲に合わせて、基本の動きをしてみましょう。洋服に靴下でも大丈夫です。

　　カウントや音楽に合わせて動くと、メリハリのある動きをすることができます。ひとつひとつの動きを、迷いがない、一瞬静止をしながら、中心軸がぶれないようになるまで稽古をすると、日本的な規律のある動きができるようになります。

1.立つ　→　2.3. 二歩すり足　→　4.座る　→　5.正座　→　6.7.座礼　→　8.立つ　→　9.歩き回り

後ろに向く　→　10. 二歩すり足　→　11.半回転で前に向く→　12.立つ　→　13.14.立礼

さくらさくら　やよいのそらは	みわたすかぎり	かすみかくもか　においぞいずる	いざやいざや
1.立つ　　2.右,左二歩すり足	3.足をそろえる	4.座る　　　　5.正座	6.手を床に付ける

左足を引いて座る。

みにゆかん	さくらさくらやよいのそらは	みわたすかぎり　　　　かすみかくもか
7.座礼	8.立つ	9.右左右と足を使って歩くように後ろに向く
戻る（7→6→5）		

右足を立てて立つ。

右足を出す。　　左足を出して左にひねる。　　右足を滑らせて回り込ませる。

においぞいずる	11.半回転させて前に向く	いざやいざや	みにゆかん	
10. 二歩すり足		12.立つ	13.立礼	14.戻る

かかとを軸に体を左半回転させ前に向く。

左足右足を前に出す。　　左足を引いて立つ。　　胴と首は一体化。

着物と動と静

　大学に入って母の元から離れて正式に日本舞踊を習い始めて 10 年程経った頃、踊り方、考え方、表現方法を"師匠"に習わなければ踊ってはいけないことが大前提の古典に大変息苦しさを感じました。もっと稽古をしてうまくなりたい、もっと舞台を踏みたい。自分で踊りを創れば自分の価値観で自由に稽古ができ、舞台を踏める。そこで、創って踊ることを舞踊活動の中心に置くことにしたのです。母からの古典に対する疑問も私の背中を押しました。

　ある時、ダンスなのだから着物を捨ててみよう、と思い立ち、自作の着物風洋服で踊ってみました。しかし公演終了後、大変にいやな思いを味わったのです。足も上がらない、うまく回転もできない、高く飛べない。何という稚拙さ、安っぽさ。自分は何の訓練をしてきたのか。何を自分は表現したいというのだろう。自分が今まで習ってきたものはいったい何なのだろうか。夢中で稽古をしている時には気づかなかったことを、公演で踊り終えた瞬間、欠点が露骨に提示され、その反省点が頭の中でぐるぐると回り始めるのです。その着物風洋服で踊った作品の失敗を考えれば考える程、着物にいき着きました。日本舞踊の技法は"如何に着物と体が一体化するか"という着物に合わせるための動きの方法と技術でした。スピード、動きのルート、動きの制御、手、足、顔、胴の位置。古典は全てその技法に則って創られていました。

　着物を着て踊るという事は、着物の裾、袖、位置、あらゆる部分のことをいつも意識し、どうすれば着物が美しく、着物と体が一体化するか、を考え続けることでした。そして、残心、間、という古くからの日本的な表現に行き着きました。ほんの 1〜3 秒間、止まって型を見せる時間です。はた目にはじっとしているように見えますが、実は演者は見えないほど少量動いているのです。筋力を使う静止と言えばいいでしょうか。着物はその動いていないように見える時に一番その美しさが際立ちます。その数秒の静止の型が、エネルギーを含み計算され考え抜かれた充実した型であるか、作品への思いが表現されている型であるか、体がぶれない静止であるか。

　口では簡単に言いますが、これが大変に難しいのです。そのような、着物に命を与える時間を創り続けることが、今の私の創作の目指すところなのですが、ともすれば気が抜け、意味不明な表現になり、体が揺れ、足が乱れ、中心軸が曲がり、手の位置、体の向きが自分の計算した動きとかけ離れてしまいます。1 秒ごとに自分に課した決まり、振り、動きを全て計画通りに実行するのは至難の業で、毎回、公演終了後、何週間もあーすればこーすれば、と後悔の日々を過ごします。次回こそは、との思いが活動を繋げているのです。

　日本的な"型"を身に付ける、ということは、体の中心軸を常に使いながら、体が自然に流れるように動き、印象的な静止(残心)を創る、つまり"動と静"を体に教え込むことだと思います。

　でも思い出してください。この本の"はじめに"で日本文化にはフォーマルとカジュアルが混在している、と書きました。P49 でもご紹介したように、男性は、袖をたくし上げ、女性は、裾からげをして自由に動くことのできるカジュアルな世界がちゃんと存在し、決まり事など関係なく、体を解放してくれる着物文化もあることを。着物を着て動くことは、その時その場で、着物をより効果的に美しく見せる事でもありますが、同時に着物を着て楽しむことでもあります。着物を乱さないように動きに注意を払わなければいけない場面、袖や裾などをからげて、乱れなど気にせずに思い切り動く場面、それぞれを使い分けて着物生活を是非楽しんでください。

着物を美しくみせる～静止の型・残心　を求めて

私の創作作品と着物

感情を秘め無表情で踊る
フォーマル系作品

レディマクベス・紅の肖像 2006 年

静の涙　2021 年

大地に詫びる 2008 年

サロメは鳥 2014 年

雪女　2016 年

楽しく笑顔で踊る
カジュアル系作品

シリーズ花子日記
「ご近所付き合い」2015 年

「我が家のラジオ」2020 年

洒落烏　2005 年

エピソード　着物と日本舞踊で“今”を表現したい

　私は大学を卒業してから本格的に日本舞踊を始めるつもりが、卒業間際「遊んで暮らすの？」という一言を掛けられ、大変にショックを受けました。踊りは遊びか、と悶々としていた時に、大学の教授が「勤めてみませんか？」と私立女子校の非常勤講師の職を紹介してくださいました。その時、「踊りは遊興、世間が収入に結び付くと判断できる仕事をやらなければいけない」と納得し、教授の勧めを受けることにしました。卒業後、日本舞踊と家庭科と共に歩むことになりましたが、家庭科教師の職がその後の人生に大変な恩恵を与えてくれるとは思ってもみませんでした。

　父をはじめ、私の周りには母が“踊りごとき”をやっていて皆に迷惑をかけている、と思い込んでいる人が大勢いました。私も母に向かって、こんな業界に引きずり込んで迷惑している、などと平気で口にすることもありました。子供は親に残酷なことを言うものです。しかし今では、時々空を仰いで天国の母に踊りを私に与えてくれたことに感謝し、私の暴言を謝っています。娘や周囲の苦言にもめげない母は、戦中戦後を生き抜いた強い女性で、娘時代の抑圧された日々を払しょくするかのように踊りに夢中でした。そんな母が、江戸情緒、江戸庶民などを題材にした踊りが今の人に通用するものだろうか、とまだ十代の私に時折投げかけてくるのでした。その母の言葉に導かれるように、二十代後半から“今に繋がる踊り”を創ることを始めたのですが、着物と日本舞踊技法と現代を結びつけるのは至難の業です。日本舞踊の創作法などだれも教えてくれず、暗中模索の連続で、今でもまだまだ道半ばなのです。

　51ページの“とびら”の写真は、劇場とは別にライブハウスで1年おきに公演しているシリーズ花子日記の「花子は家庭科教師」（2010年）の舞台写真です。私が勤めていたキリスト教系の女子校で手作りうどんの調理実習を始める場面です。洋風の渡り廊下、エプロン、うどん作り、教師の緊張、生徒のワクワクそして着物。日本舞踊界では古典の継承が主軸の活動で、創作はまだまだ傍流とされていることがつらいところですが、数百年をかけて人々に受け継がれてきた多くの古典が身近にあることも、私に宝の山の中にいるような豊かさを感じさせてくれます。

　下図は「花子は家庭科教師」の舞台美術デザイン図です。教会のような渡り廊下のある学校風景を、白いスチール棒を折り曲げたオブジェで屏風のように表現してあります。実際の舞台では、左右2枚のパネルのみになりました。

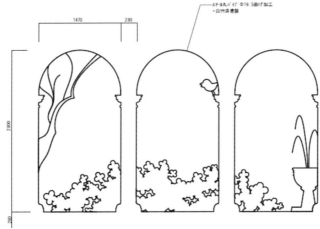

第6章

着物の生地・染と織

西馬音内盆踊り押絵ハガキ

デザイン：縄野三女　押絵製作：藤原祐子

着物の生地

　着物や帯に使われる生地は、染（そめ）と織（おり）に区別されます。染は、糸を織って白生地にしてから色付けしたもの、織は、糸の段階で染めてから織り上げたもの、どちらも色の付いた生地なのですが、着物や帯が、染であるか織であるかが、着物を着る時の気持ちや、TPO に関わってきます。礼装は染の着物と織の帯の組み合わせが多く、染、織の種類にもよりますが、現代では一般的に着物は染、帯は織の方が格式が高いとされています。以下は、小説「雪燃え」（円地文子著）に出てくる御茶席での着物の描写です。

　「銀鼠地（ぎんねずじ）に細かく撒き糊（まきのり）した渋い訪問着に、生壁色（なまかべいろ）の綴れ（つづれ）に銀で小さく鶴を織上げた帯を低く締めた春姿」

　まき糊は、散らすように糊を置いて染める友禅染の技法のひとつで、降る雪のように白い点が散りばめられた染の生地です。綴（つづ）れ織りとはタテ糸にヨコ糸を、ひと目ひと目掬って往復させ、絵柄を織り込んで作る大変手が込んだ織物です。銀鼠（ぎんねず）は、少し青味がかった薄いねずみ色、生壁色（なまかべいろ）は、やや黒味のある黄茶色。薄いねずみ色の染の訪問着に、黄茶色に銀の鶴を織り込んだ織の帯。まき糊の着物も、つづれ織の帯も、大変高価ではありますが、京都の風景にしっかりと溶け込むような押さえた気品がただよう、御茶席にふさわしい高級な装いです。帯を低く締めるのは、年齢を重ねたかなりの着物通の証拠です。

　街着としてよく着られるのが織の着物と染の帯です。先日、公演の打ち合わせで友人が着ていたのは、大島紬（おおしまつむぎ）に名古屋帯。泥染めの大島紬独特の黒褐色に淡い黄色文様が織り出された着物に、同じ淡い黄色の染の名古屋帯が 5 月の陽光に映えてとても素敵でした。織の大島紬の着物に染の名古屋帯は、どちらかというと、日常着やちょっとしたお出かけ着のイメージです。いくら高価でも正式なパーティなどに着て行くことはあまりありません。

　どうして染と織の着物の格が違うことになったのでしょうか。染の着物は、繭からとった生糸で織られた白生地を染めた柔らかい生地、織は、もとは真綿やくず繭を紡いだ紬糸(つむぎいと)を染めてから織られたもので、やや硬い生地で地味な色合いが多いからでしょうか。

　この章では着物の生地を中心に、織、染の着物、最後にそれらの着物地をはぎ合わせた端ぬいの着物をご紹介しましょう。

石田凱宣作 京友禅

大島紬

撒き糊まきのり（P71 の着物）

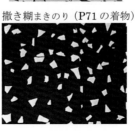

染（そめ）と織（おり）の生地の種類

　以下は、私が思い入れのある是非知って欲しい、着物に使われる日本の代表的な生地名です。久留米絣以外は、絹物です。染は生地を織ってから色や文様を付けるので、後染め、織は糸を染めてから生地にするので、先染め、と言われます。染は生地の片面に文様を置くので文様が描かれている方が表です。織の生地はタテ糸を張りヨコ糸を織り込むのが基本なので表裏がありません。

　　染（後染め）
　　　　① 色無地
　　　　② 友禅　　　　・・・ 京友禅　加賀友禅　東京友禅
　　　　③ 型染め　　　・・・ 一般的な小紋　江戸小紋　沖縄紅型
　　　　④ 絞り染め　　・・・ 鹿の子絞り
　　織（先染め）
　　　　⑤ 紬 ・・・ 結城紬（ゆうきつむぎ）　　⑥ 大島紬
　　　　⑦ 木綿絣　　　・・・ 久留米絣

> 　歴史的に“布”というと麻の意味を含むので、本書では着物の布地を“生地”で統一しました。

染の生地

① 色無地

　白い生地を一色に染めたものです。色無地は、地紋（織文様）があるものと、地紋がないものがあります。色無地の着物は、後ろ中心衿下に家紋を付けると格式が高くなり、正式な場所に合う着物になります。男性用黒紋付、女性用喪服は、地紋無しの黒無地が多いです。写真は、地紋がある緑一色の色無地の着物ですが、元々は水色でした。汚れたため染物屋さんに染め直しをしてもらいました。色無地の着物は汚れると、元色を抜いてから以前より暗い色に染めなおし、汚れた部分を目立たないようにすることができます。

② 友禅

　江戸中期、糊で輪郭線を描き染料のにじみを防ぐ友禅染が考案されました。輪郭線の中に染料を入れると外側に染料が染み出ることがなく、模様が自由に描けるようになりました。京友禅、加賀友禅、東京友禅などがあり、地域により柄や色合いが少し違います。手描き友禅の他に、型を使った型友禅もあります。

足立茂 作　手描き友禅「雛」

男雛　　　　　（女雛の色はp 70）

女雛

「雛」P65 の着物デザイナー・京友禅作家の足立さんに、学校の授業で手描き友禅の話をしたい、と伝えたら段階見本を作って下さいました。その見本で、手描き友禅の基本製作工程を説明しましょう。足立さんが実際に作業をするのは 1.草稿と 10.仕上げです。

手描き友禅　基本製作工程

（製作見本：足立茂作、6-9 写真：「手描友禅染の技術と技法」京都市染織試験場　転載）

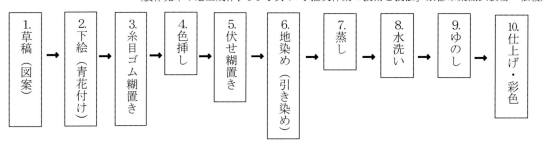

1.草稿（図案） → 2.下絵（青花付け） → 3.糸目ゴム糊置き → 4.色挿し → 5.伏せ糊置き → 6.地染め（引き染め） → 7.蒸し → 8.水洗い → 9.ゆのし → 10.仕上げ・彩色

1.草稿（図案）
模造紙に下絵を実物大に描く。

赤線はおくみ付け、
脇縫い目の指定線

1.草稿（図案）

2.下絵（青花付け）
図案の上に白の絹地を置き、青花液（露草の花の絞り液、色は水で落ちる）で図案を写す。

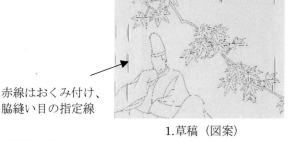

3.糸目ゴム糊の線

3.糸目ゴム糊置き
青花液の線に沿って、細く糊を置く。友禅文様の特徴である輪郭の細い線は、この糊置きの線で、輪郭内に入れる染料が、にじみ出ないようにするための糊線である。

2.下絵（青花付け）

4.色挿し
糸目ゴム糊線の内側に色を入れる。

5.伏せ糊置き
地染めで染まらないように、4.の色の上に糊を置いて細かいおがくずをかける。

5.伏せ糊置き

66

6.地染め（引き染め）

生地を横に長く張って、染料液を刷毛で均一に、またはぼかしで染色する。

6.の地染めが済み、7.の水洗いで糸目糊や伏せ糊が洗い流された生地。

糸目ゴム糊の中に色

糸目ゴム糊の線

地染め

7.水洗い

伏せ糊、余分な糊や染料を洗い落とす。

8.蒸し

染料を定着させるために蒸気で蒸す。

9.ゆのし

生地の幅を揃え、蒸気で生地の風合いを引き出す。

10.仕上げ、彩色

目や着物の文様を入れる。　→

出来上がった着物

③ 型染め

　文様をくりぬいた型紙を生地に置いて染める技法です。型の上から染料を置いて直接染めたり、型で糊置きをして防染をしてから染めたりします。型紙は文様や色別に彫り、何枚も組み合わせて使うこともあります。型紙を繰り返し使って全体を染めるので、着物全体が繰り返しの文様で埋まります。型紙を使って同じ文様の着物を別に作ることができます。型紙の種類や染め方によって、一般的な小紋、沖縄紅型、江戸小紋などがあります。

小紋（色別の型紙を何枚も使って染める）

江戸小紋

江戸小紋

　武士の礼装に用いられ、また武士や町人が洒落着として着た江戸小紋。極小柄を彫った1枚の型紙を繰り返し使い1色で染めるのが江戸小紋です。長さ45cmほどの型紙を何十回も送って1反（11.5m）の布に少しの狂いもなく糊付けをします。1寸（約3cm）角に1000個近い穴をあけた型紙もあり、遠くからは色無地に見えます。

④ 絞り染め

　布をたたんで板で挟んで締め、また、糸で縫いくくり縮めてから、染料液につけて染め、乾かします。板で挟んだり、糸で縫いくくった部分には染料が染み込まないので、板や糸をはずすと、白く模様として残ります。絞った皺も美しい"しぼ"として残ります。絞り染めは、奈良時代の正倉院裂の中にもあり、大変古い染の方法です。

鹿の子絞り

　小さな点ひとつひとつを手でくくった鹿の子しぼり。鹿の子絞りは縫わないで、ひとつずつ布を手でつまんで糸で布を巻きくくります。

鹿の子絞りで面や線を描いたもの

布をくくった糸　　布

総絞り（全身に絞り染め）の浴衣

糸でくくった染める前の鹿の子絞りの布

織の生地

⑤ 紬（つむぎ）

　くず繭や真綿から引き出し、よりを掛けて紡いだ絹糸（紬糸）で織った平織の生地です。紡ぐ時、糸に節ができます。結城紬は、文様を織りこむために細かく計算をし、その計算通りに紬糸を束ねて糸でくくって防染をしてから染めます。染め分けたタテ糸ヨコ糸を組み合わせて、驚くような細やかな文様を作り出します。結城紬の他に小千谷紬、塩沢紬など、特徴のある紬が全国各地にあります。

染色した糸

紡ぐ：繭からとった真綿を紡いで糸にする

織る
（茨城県結城市にて 50 年程前に撮影）

紬

P64 の大島紬

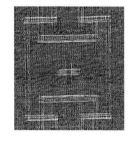

⑥ 大島紬

　以前は手紡ぎの糸で織られていたので紬の名前が残っていますが、今では繭から直接取られた生糸で織られています。泥染めの大島紬はテーチキ（車輪梅）の枝を細かく刻み、煮だした液で糸染めをし、その後、鉄分の多い泥の中で揉みこむとつややかな黒褐色の糸に仕上がります。鹿児島県奄美大島や鹿児島市周辺で織られる生地です。

⑦ 木綿絣（もめんがすり）

　織糸の一部を糸でくくって防染してから、染料で染めた木綿糸で織った生地です。タテ糸、ヨコ糸とも白い部分が重なれば真っ白に、白と染め色が重なれば薄い中間色に、染め色同士が重なった部分は濃い染め色に織り上がります。染め色の糸と白い糸を交差させることにより、かすれたような独特な文様を生み出した、素朴さのある布です。久留米絣、伊予絣、備後（びんご）絣が日本の三大木綿絣です。木綿絣といえば久留米と言われるほど藍で染めた久留米絣は有名です。

久留米絣

白+染め色

染め色+染め色

白+白

藍染めの絣

69

◆ 手描き友禅作家の気分を味わってみよう

① 手描き友禅・色指定

　輪郭線内の文様と輪郭線外の地色を塗り分けてみよう。（完成品はP65）

実際の友禅染めは、染料が染み出ないようにするため、輪郭線に糊を置きます。糊を洗い落とすと輪郭線は白く残ります。輪郭線の中はグラデーションでぼかすことができます。

② 手描き友禅・色挿し

　ハンカチに描かれた線文様（糸目糊）の中を彩色してみよう。

　　　材料：線画が描かれたハンカチ

　　　　　　布用染料セタシルク　バインダー（にじみ止め）

　　描き方：セタシルクとバインダーを混ぜた液で、輪郭線内に筆で色を塗る。

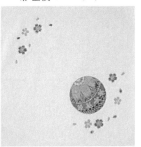

足立さんの配色

線文様の入ったハンカチ

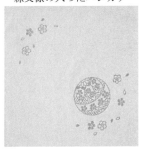

彩色後のハンカチ

糊置き済みハンカチ
染料　問い合わせ
京友禅作家：足立茂
090-7092-2460

京友禅作家・足立さんのお話

　花鳥風月からヒントを得て作家独自のデザインを創り出した着物の文様は、どのように生み出されるのでしょうか。それらの造形や生きる輝き、空気感をデザインする修業が写生にありました。自然を直接観察して洗練された形を考案し、それらが 10 以上の工程を経て着物生地に置かれるのです。

　手描き友禅・色指定　の文様も描いた足立さんのお話です。

　『十代からの十年間、日本図案家協会の水野青苑先生の内弟子として過ごしました。一番心に残っている一言は、師匠の奥さんの「くろうなったら負けよ」暗い顔を指摘されているのだと思い当たりました。絵も下手だしこのまま続けていけるのか迷っていた時期でした。美術の先生の「何も知らない方が勉強できるよ」師匠の「京友禅のそれぞれの工程の職人はすべてを勉強しているので、図案家はそれ以上勉強して新しい物をつくりだしていかないといけない」という言葉に後押しされてスケッチブックを持って植物園に通いました。一つだけ自慢してもよいと言われたら、私の年代の中で、植物園で一番多く昼飯を食べたこと、だと思っています』

着物の生地と感触

小紋の着物
「学校物語」

　着物は、形も寸法もほとんど変わりません。それなのに着ている感触はどうしてこうも違うのでしょうか。体が着物の生地に反応してしまう、と言えばいいのでしょうか。日常生活を題材にした「花子日記」という舞踊作品ではいつも出演者全員が"型染の小紋"を着ます。手足を大きく動かしたり、走り回ったりと、裾がはだけることもあまり気にせず、大暴れをしてしまいます。日常着とされている小紋だとそんな自由な動きを許してくれる気がするのです。その点、格式が一番高い"手描き友禅"の一点ものの着物だとそうはいきません。極力下に着ている白いけだしを出さず、着物

京友禅　まき糊の着物
「雪折竹」

が大きく乱れず、おくみの上に手を置いて裾がまくれず、袖口の下を持って袖が揺れすぎないように、しわの寄り具合や布の動きを常に頭に入れて踊ります。私の持っている石田さんや足立さんデザインの手描き友禅の着物は、どっしりとしていて、布が浮くことがなく、体の曲線に馴染み、布がはねても下にすぐに落ちて余分なしわが寄らず、大変に踊りやすい着物ですが、格調高く、普段の着物としてはとても使えません。それとは違って、細かい織文様のつまった、やや固く薄い織の"大島紬"を舞台公演で使うことは、ほとんどありません。生地は薄く張りがあり、折りじわが寄りやすく、体に添わずに布が浮き、動きの線が出ないことと、地味な色合いの着物に見えてしまうなど、遠目ではその良さが伝わらないからです。大島紬の何とも表現できない泥染めの風合いやつや、その織のち密さは、近くで楽しまないと大島紬を作った職人さんに失礼な気もします。

エピソード　63ページ　西馬音内（にしもない）盆踊りの端（は）縫い衣裳

　2010 年秋、私が所属する日本民俗芸能協会で、秋田県羽後町に伝わる西馬音内盆踊りの取材に行きました。現地まで出かけて、国の重要無形民俗文化財に指定されている西馬音内盆踊りを保存会の方に習うのです。先日、母の遺品整理をしていた時に思いがけず、その折りに購入した西馬音内盆踊りの押絵 3 枚の絵葉書が出てきました（p 63）。そのしなやかな姿態と、優雅な端縫い衣裳に思わず見とれてしまい、羽後町観光物産協会に手紙をお出ししたところ、打てば響くように、その押絵を製作した藤原祐子さんから電話を頂きました。デザインをされた縄野三女さんは、すでに亡くなっていましたが、藤原さんは快く押絵の掲載を許可して下さいました。

　西馬音内盆踊りは、8 月の 3 日間、日が沈むのを待ってから、編み笠や黒い彦三頭巾で顔を隠し、端（は）縫いの着物、または藍染め絞りの浴衣を着てかがり火の周りで踊る幽玄な盆踊りで、亡者踊りとも呼ばれています。その端縫いの衣装は、西馬音内盆踊り独特の着物で、いろいろな布のはぎ合せでいながら、統一感の取れた不思議な雰囲気があります。家にある残り布、古くなってほどいた着物布などをパッチワークのようにはぎ合せて作った着物です。はぎ合せといえども、袖口や裾などは同じ布を使う、布の配置は左右対称、赤い紅絹（もみ）の布を入れるなど、一定のルールがあるようです。西馬音内盆踊りで端縫い衣裳を着るようになったきっかけが、2011 年秋田魁（さきがけ）新報に掲載された縄野三女さんのお話にありました。

藤原さんの端縫い衣裳

　『西馬音内盆踊りは、昭和 10 年東京の日本青年館で行われた全国郷土舞踊民謡大会に参加しました。祖父が引率し、叔母が衣装を整え、踊りを指導しました。…　着物は"はぎ衣裳"、いまは"端（は）縫い衣裳"と呼びます。この衣装は、はぎあわせですから、本当なら、はぎ衣裳と呼ぶのですが、語感がきれいだから、端縫いの呼び名がついたのでしょう。…　肩の部分は紅絹もみ（紅色の薄い絹布）、ほかの部分も家々に伝わる縮緬などの上質の絹をはぎ合わせるのです。…東京での公演の際に、はぎ衣裳を前面に出したことで、がぜんはぎ衣裳が普及しました』

2011 年 11 月 18 日秋田魁新報「シリーズ時代を語る」転載

"コロナ禍に　盆踊りも中止の報　絶やしてなるかと　伝統の血　沸き立つ"　藤原祐子

　藤原さんがもの心ついた頃から踊り続けてきた西馬音内盆踊りが、コロナ禍で 2020 年に中止になりました。先人たちが努力して継承されてきた西馬音内盆踊りを絶やしてはならないと、藤原さんは西馬音内宝泉寺境内で、継続祈願の自主盆踊りを 5 名で実行したとのことでした。西馬音内盆踊りは日本三大盆踊りのひとつで、2021 年に行われた東京 2020 オリンピックの閉会式でも紹介され、2022 年国際連合教育科学文化機関（ユネスコ）の無形文化遺産へ「風流踊」の一つとして登録されました。

　女性たちの古さと新しさを併せ持った華やかな朱入りの端縫い衣装、編み笠、そして編み笠の下から見える襟足の汗。燃えさかるかがり火、囃子、絞り出すような男性の唄声。夜更け、静かな暗い山々、淡々と踊る踊子たち。西馬音内盆踊りは、すべてが一体化した荘厳な盆踊りです。

第7章

日本の文様

「桜絵巻」舞台美術　国立劇場

日本の文様はどこに？

　我が国では、約1万年前頃にすき間なく縄やむしろが押し付けられた文様の土器が現れ、縄文式土器と名付けられました。その後の弥生時代の銅鐸にも格子や流水文様などが付けられています。古くから人々は、自然への恐れ、あこがれ、祈り、願いを込めてそれらを文様としてモノに描いてきました。

　今、家にある母や親戚、知人から譲り受けた数十年前の着物、敷物、食器、香炉、物入れなどの様々な日用品にも、ほれぼれする程の完成度で文様が付けられています。しゃれた日常着物のよろけ縞文様、黒縮緬帯の友禅染と刺繍の秋草文様、西陣織で細やかに織り上げられた敷物の正倉院文様、手拭い全面に染めつけられた宝尽くし文様、漆塗りの小箱の螺鈿（らでん）桜文様、丁寧な細筆で描かれた湯呑み茶碗の青海波（せいがいは）文様。それらのどの文様にも独自性、ち密さ、手作りのぬくもりがあり、作者の名前もわからないのに、ひとつひとつが最高級の芸術品といっても通用しそうです。定規と竹製のぶんまわし（コンパス）で描かれた2万あるとも言われる家紋も全てが完璧で、よくこれだけのバリエーションがあるものだ、と感心してしまいます。

　手作業で丁寧に描かれた日本の文様を、今、私たちの日用品の中で見つけるのは難しくなりました。それは今の日本人の生活から日本の伝統的なモノ達が消えつつあることでもあります。縄文時代以後、日本人はあらゆる日用品に文様を入れ、文様に囲まれて生活をしてきました。それらは、ただ花鳥風月や、人々の暮らしを実写したものではなく、単純な美しい線に置き換えられ、また西アジアや中国などから渡来した文様といえども、日本人の好みに合うように変化させて繰り返しモノ達に描かれてきました。職人たちはどのようなモノにどのような文様を入れるのか、創意工夫をこらし、独特で洗練され、単純化された文様が伝えられてきました。日本はデザインの宝庫、と海外の人に言わしめたその文様を知ることは、日本人のデザイン力を再確認することにもなります。

海外で見つけた日本の文様

アヴィニョン演劇祭参加公演の折、街中で見つけた日本の文様
婦人服のつなぎ梅文様と子供服の青海波文様

　模様、文様を区分して使うことが難しく、日本の伝統的なものを扱うときは文様とすることが多いので、本書では、文様で統一しました。

日本舞踊・花柳流おそろい浴衣の文様

　私は日本舞踊・花柳流の師範です。流儀の事務所から二年に一度、新しい流儀のおそろい浴衣数点の見本帳が送られてきます。その中からお弟子さんと、それぞれ好みの文様の浴衣を選び事務所に注文を出し、その後、送られてきた浴衣地を仕立てて夏の浴衣会や講習会、稽古などで使うのです。下の写真は今までに仕立てたおそろい浴衣の一部です。流儀の基本の絵柄は桜に柳です。花柳流の浴衣には必ず文様として桜と柳がアレンジされて使われます。左写真は袖全体、右写真は文様を拡大したものです。桜と柳を繰り返し文様として散りばめた、藍色と白の型染めの浴衣です。

袖

デザイン化され、繰り返し多くの日用品に描かれてきた
"日本の文様"

① 着物・帯・手拭いなどの生地に描かれた文様

　着物や帯に使われる生地は、地紋（織文様）のないものと、あるものがあります。地紋のない生地はそのまま染めるか、様々な技法で文様が描かれます。地紋のある生地は、一色で染めて織の文様を浮かせたり、また織の文様をうまく利用して後染めの文様を入れたりします。また、鶴や亀などのおめでたい吉祥文様が織込められた布は、白いまま花嫁衣裳の白無垢にもなります。着物の生地を作る技法は途方もなく多く、100人の着物姿の女性が集まっても同じ生地は全くなく、どれほどの種類の着物地が日本にあるのか見当もつきません。着物は、形としてのデザイン性がなく、四角い布の組み合わせなので、質感、色、文様が引き立ち、生地そのものを鑑賞する衣服になったとも言えます。

波文様・着物

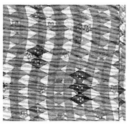
くずれ菱文様・着物

桜に青海波文様・着物

唐草の入った菱文様・帯

秋草文様・帯

宝づくし文様・手拭

熨斗（のし）文様・手拭

正倉院文様・敷物

② 小箱や食器に描かれた植物文様

　漆塗りの小箱には螺鈿（らでん）で、湯呑、小鉢、花瓶の白い磁器の地肌には、青色顔料で描かれた植物文様があります。（螺鈿…貝の薄片をはめ込んだ装飾）

唐草文様・花びん

螺鈿桜文様・小箱

葡萄文様・湯呑

梅文様・湯呑

菊花文様・小鉢

③ 日本の繰り返し文様

参考「日本・中国の文様事典」視覚デザイン研究所編

　文様には丸、三角、四角、菱形などを組み合わせた幾何学的な繰り返し文様も数多くあります。着物であれば、白生地を織る時の地紋に使われたり、糸を染めてから文様として織られたり、また友禅や型染めなどのいろいろな技法で白生地に描かれたりしてきました。形から連想される名前を持ったことで、さらなる意味が広がった文様もあります。日本で古くから親しまれ、あらゆるところに使われてきた代表的な繰り返し文様の名前や由来を見てみましょう。

○石畳（いしだたみ）、市松

　　色違いの正方形を規則正しく並べた文様。平安時代には有職文様（ゆうそくもんよう　公家の装束、調度に付けられた文様）として織物の地紋にも用いられていた。桂離宮の室内装飾にも使われている。江戸の歌舞伎役者、佐野川市松が愛用したので市松文様とも呼ばれるようになった。

石畳、市松模様　　　　　　　　　細帯　　　　　　　　　　　　扇子

○青海波（せいがいは）

　　エジプトやペルシャをはじめとして、世界各地にみられる文様。水を意味するものとして描かれるのは鎌倉時代から。「青海波」という雅楽で舞った時の装束に用いた文様であったことから、この名称がついたとの説もある。

青海波　　　　　　　　　　扇子　　　　　　　　　　湯呑

○七宝（しっぽう）

　　同じ大きさの円の円周を四分の一ずつ重ねてつないでいく文様。円形は円満を表し、めでたさを表す吉祥（きっしょう）文様として定着。

　　　　　　　　　　　　　　　　　　　　　　　　　　　　着物
七宝つなぎ　　　　　　　ほし七宝

○麻の葉（あさのは）

六角形を基本とした文様。形が大麻の葉に似ているのでこの名が付いた。麻は丈夫でまっすぐどんどん伸びることから、すくすく育つことを願って子供の産着に用いる習慣がある。

麻の葉 　　　　　くずれ麻の葉 　　　　　　夏用着物

○唐草（からくさ）

つた性の植物の、常に成長するような無限の発展性を図案化した文様。菊や梅などのつるのない花までも唐草文様になった。無限に繋がるリズムの面白さがある。

唐草 　　　　　　　　帯 　　　　　　　　　　扇子

○亀甲（きっこう）

亀の甲羅のような正六角形を繋げた文様。長寿を意味する吉祥文様として好まれてきた。

亀甲つなぎ 　　　　　子持ち亀甲 　　　　　　　帯

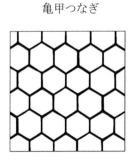 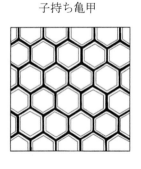 

○矢絣（やがすり）

　経糸を同一間隔で染め、織り機に掛ける時に少しずつずらして織り上げた文様。弓矢に付いている羽根の形に似ているのでこの名が付いた。

矢絣

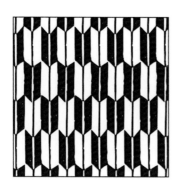

着物

○露芝（つゆしば）

　すすきや萩などの秋草に露の玉が宿る光景の文様。

露芝

帯揚げ

○鎌輪ぬ（かまわぬ）

　「鎌」「○」「ぬ」で"かまわぬ"と読み、元禄時代に「水火も厭わず身を捨てて弱いものを助ける」という心意気を示す町奴達が好んで着たのがはじまりの文様。後に歌舞伎役者七代目市川団十郎が着て評判になった。浴衣や手ぬぐいに使われることが多い。

鎌輪ぬ

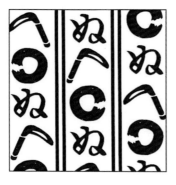

鎌輪ぬ

家紋

引用「家紋の文化史」P76.133.136,140.142.148,192『　　』内　大枝史郎　講談社

洗練された日本のデザインとして忘れてはならないのが家紋です。フランスの老舗メーカー・ルイヴィトンのモノグラムも、日本の家紋に影響を受けてデザインされたと言われています。家紋は図案化した動植物や幾何学図形を丸や方形で囲む文様です。家の印としてあらゆるものに付けられるので、どこまでも同一でなければなりません。家紋を専門に描く上絵師（うわえし）も誕生しました。ネットで「家紋」を検索するとその種類の多さや美しさに感動してしまいます。

『平安時代中期から、正装である束帯の袍(上着)に自家特有の文様』を用いるようになりました。また『牛車につける紋を車紋』といい、その紋により『公家が自分の牛車を容易に探すことができるし、人びとも誰が乗っているかを瞬時に判別する』ことができました。『これらの文様が長年世襲されることで、家の紋章、家紋が成立』していきました。鎌倉時代には武士たちは自分の功績を示すため、武具や馬具などあらゆるものに付けました。『室町時代には大紋直垂が武士の礼服』となり、『大きな家紋を、上衣の正面両肩下、両袖、背上、袴につけ』て家紋は定着していきました。江戸時代には『庶民は苗字帯刀が禁じられて』いましたが、文字が読めなくても一目でわかる家紋を人々は所有しました。『大名や旗本と同じ紋を使うことは禁じられ』ていたので工夫を凝らして独自の紋をつくり、『商家は紋を暖簾に付けて人目につくように』しました。『そのため「暖簾に傷がつく」「暖簾を守る」「暖簾分け」などの言葉』が生まれました。今では、家族制度が廃止され、家の印とされてきた家紋は忘れ去られ、和服やお墓でしか見られなくなりましたが、それでもまだ、それぞれの家に代々受け継がれてきた家紋があるはずです。

『桐が菊とともに皇室の紋になったのは後鳥羽上皇の頃から』と言われています。鎌倉時代の末期、後醍醐天皇は『倒幕にいちばん勲功のあった足利高氏に、天皇は自分の名前(諱いみな)の一字を与え、さらに皇室の紋である「菊紋」と「桐紋」を与え』ました。桃山時代には、『豊臣秀吉も菊紋と桐紋を贈与され、またそれらを気前よく譲与』していきました。『江戸時代、桐紋を使用した旗本は470家に及んだ』といわれています。桐紋の中で五七桐（ごしちのきり）紋は日本国政府の紋章として使われ、500円硬貨にも刻印され、パスポートにも掲載されています。菊花紋は、明治政府によって、『天皇家は十六花弁の八重菊、皇族は十四花弁裏菊』と定められました。今、パスポートの表紙を飾っているのは十六一重表菊紋です。

パスポートの十六一重表菊紋

五七桐紋

小風呂敷の
渦巻紋

女性用黒留袖(差し込み)後中心の丸に武田菱（たけだびし）紋

扇子の武田菱紋

江戸時代　家紋はあらゆる日用品に描かれました

馬提灯

役者楽屋入り

和泉町内田酒店

三谷一馬　「江戸庶民風俗絵典」転載

◆文様、私のMY紋をデザインしてみよう

① 繰り返し幾何文様をデザインしてみよう

定規やコンパスを使い、直線や曲線を繰り返して、手描きで幾何連続文様をデザインしてみよう。

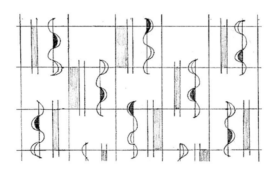

② 私のMY紋をデザインしてみよう

〇、▽、□、◇などを組み合わせて、

また、図案化した草花や、造形物などを円や四角の中に入れてMY紋をデザインしてみよう。

◆繰り返し幾何文様の刺し子をしてみよう

さらし布を二つ折りにして、色糸で並み縫いをした刺し子布巾

麻の葉

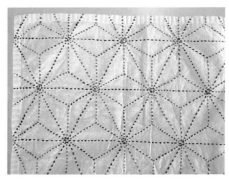

七宝つなぎ

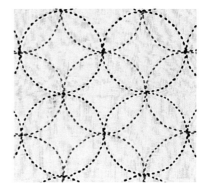

作り方

材料

さらし布　35cm（さらしの幅）×50cm

ポリエステル製ボタン付糸

水性チャコペン

手順

1. 両方の裁ち目を1.5cm程同じ側に折り、1.5cm幅で
   折った部分を内側にし、全体を二つ折りにして待ち針で止める。

1.5cm　内側
に折る

2. 布の間にフェルトペンで幾何文様を描いた図案を入れ、
   水性チャコペンで、布に透けて見える文様を写す。
   繰り返し文様は図案をずらしながら全体に写す。

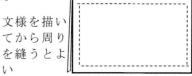

文様を描い
てから周り
を縫うとよ
い

3. ボタン付糸で、玉どめをしっかりして、
   印通りに一目2〜3mm程の並み縫いをする。
   まず布がたるまないようにして、布端から
   5mm位のところを一周四角く縫っておくとよい。

人の手が作り出す文様の中のゆらぎ

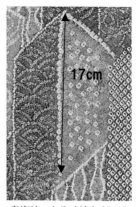

17cm

青海波、よろけ縞などの文様が細やかな鹿の子絞りで表現された総絞りの着物生地の一部

　実は刺し子布巾を作っている時、あることに気付きました。自分の作った七宝繋ぎ文様の刺し子は、正確さに欠け、左右対称でもありません。下絵も手描きで、中心軸が適当で何ともいびつで、きっと作品としては良い出来ではないだろう、と思っていました。ところが出来上がってみると、自分で言うのもおかしいのですが、そのいびつさに何とも言えないぬくもりがありました。そこで、日本の文様の本に載っている幾何文様をよく見てみると、どれも決して数学的な正確さでは描かれていない、何とはなしのゆらぎ、言い換えればゆがみがあることに気付きました。人の手が介在したやさしさ、やすらぎとでも言えばいいのでしょうか。次に手元にある日本の文様が絞り込まれた総絞りの着物を見てみると、やはりそこにも職人さんの手仕事の中のゆらぎ、ゆがみがありました。パソコンで描いた繰り返し文様には宿らない、完璧さを追求した手作業の中の、ほんの少しのゆらぎのある総絞りでした。人の手で生み出された証、味わい、汗と涙と熱意の結晶に深い感動を覚えました。そして、職人技には程遠くとも、自分の刺し子のいびつさにも、人の手が介在した穏やかさがあるような気がして嬉しくなりました。

街角でジャズ演奏

　私は、コロナ禍で渡仏ができなくなった2020年以前の1997年から2019年まで、ヨーロッパやカナダ、オーストラリアに毎年渡って、夏の国際演劇祭に参加し続けてきました。通い始めた初期のころは、ただ無我夢中で自分の公演をこなしていましたが、フランスのアヴィニョン演劇祭のみに参加を絞った2001年以後、自分の公演終了後じっくり他の公演を見ることを始めました。参加し始めたころのアヴィニョンフェスティバルは、3週間で参加計500団体ほどの演劇祭でしたが、2019年には2000団体近くの巨大フェスティバルになっていました。直径1.2km程の小さな町のカフェ、教会、集会所、庭、学校、ホテル、店の前、あらゆるところが演技の場になるのです。狭い場所、少ないお客様でもそれぞれの公演が、必死で演じられていて、どれほどの時間を彼らは準備に掛けたのか、圧倒される思いでした。しばらくするとふとあることに気付きました。それぞれが独自性を求めて躍起になっていても、その年でどこか共通した価値観がフェスティバルを覆っているのです。裸体で演じられる公演が多い年もあり、また自分の体を痛めつけるような暴力的な公演が目立つ年もありました。そして、数年経つと、これは日本の影響ではないか、と思われる公演が散見される時期がありました。静けさと洗練を求めているように見え始めたのです。ただ歩いているばかりの公演もあり、日本の"能"を表面的に真似しているようで不思議な思いもしました。真似や模倣はやはり本物とは言い難く、形だけ同じでもその表現は感動を呼びません。ただ歩くという中にどれほどの修行が詰まっていることか、中心軸の揺るがない一歩を出すために、どれだけの時間が使われたことか、単純に見える中の密度について考えさせられました。日本からヨーロッパに渡った簡単な繰り返し文様でも、職人技と工程がなければ本来の文化とはかけ離れてしまうことをつくづくと感じました。

エピソード　着物の文様と作品

　73ページのとびらの写真は、「桜絵巻」という演目の舞台美術です。風を感じる曲線の白銀スチール棒に、桜を思わせる白から濃いピンクの四角い和紙を、グラデーションでちりばめたものです。金屏風を前後にずらして3枚並べ、その前にそれぞれ桜のスチールパネルをあしらい、客席から見ると3つのパネルが繋がって見える、という趣向です。「桜絵巻」の舞台美術が公演後、不思議な驚きを私に与えてくれました。公演が終わり、その舞台写真を見た時にドキッとしました。今まで全く気付かなかったのですが、着物の文様にフィットするような舞台美術だったのです。スチールの線と着物の文様の線が重なるとは想像もつきませんでした。着物のデザインを？と聞いてみると、えっ？という感じでした。ある本で見た日本の文様に触発されてデザインしたとのことでした。着物とは全く別の場所で感動を覚えたラインを自分なりに描き替え、結果的に着物と繋がったのかもしれないとのことでした。着物を見て真似て描くのでは着物の模倣で終わるのに、そこには思いがけない広がりがあり、文様の変化の工程を見たような不思議な体験でした。

2002年のリサイタルで再演した「桜絵巻」
左は衛菊　右は母・衛吉

着物の友禅染の文様

　京都嵯峨野の友禅作家石田凱宣さんのご自宅に、公演の衣裳製作の依頼に母と出かけた時のことです。打ち合わせの後で、凱宣さんが「月映」と命名された着物を出してきて、「この着物を着て踊りませんか」と言われたのです。着物を見た瞬間、その着物の持つエネルギーに圧倒される思いをしました。こんなに何かを発散する着物があるのか。p34のその着物には、右肩に月、両サイドには月に照らし出された葉が全体を覆いつくすように描かれていました。「これは私の葉文様です。ところどころの葉にはプラチナを貼りました」とご自分も仕上がりに満足しておられるようでした。その着物に触発され、狐が月の光を浴びて女になる「月恋　げつれん」という作品を創りました。今でも「月映」は私の持つ第一級品の着物の一つです。

「月恋」2009年

舞台バックには白い
紗の布がカーブして
吊られています。

第 8 章

手ぬぐい

手彫りの手ぬぐいの型紙

手ぬぐいは究極の日用品

　昭和の中頃まで、手ぬぐいは、庶民の間で日々活用されていた究極の日用品でした。着物や帯などのタンスの奥深くにしまわれた絹物の一点ものとは違い、平織のさらし木綿の手ぬぐいは、人々の生活に溶け込んでいて、そこかしこに当たり前のように存在していました。着物の懐や袖の中に手ぬぐいをいつも持ち歩き、仕事を始める前に、気合を入れて手ぬぐいを頭に巻き、雨が降れば広げて頭にかぶり、力仕事では首にかけて汗をぬぐい、頭に巻いて髪がほこりで汚れるのを防ぎ、下駄の鼻緒が切れたら裂いて応急処置をし、汚れた手をふき、風呂では体を洗い、湯上りには体をふき、ちょっとしたものを包むなど、毎日の生活になくてはならないものでした。だらりと着た普段着の着物には、使い古しの手拭いがとてもよく似合っていましたが、柔らかく水をよく吸う手ぬぐいを何にでも使いすぎて、黒ずんで、臭いまで付いて、不潔感が漂い、カッコ悪い、ダサい、かさばると、手拭きタオルやハンカチに代わられ、現代生活から消え去ってしまいました。今、新たに店頭に並べられている NewTrend 手ぬぐいは、複雑な文様の型紙作りがパソコン等で可能になり、最新のセンスで作られるようになりました。手ぬぐいに新しい風が吹き始め、普段使いの気安さから一ランクアップしたお洒落なものになり、モダンなバッグに入れて持ち歩いても違和感がなくなりました。ハンカチとは違ったその大きさが気に入っている人も多いと聞きます。

手ぬぐいとは
　　　　　　　　　　　　　　　　　　参考　「手拭いづくし」Banana Books

　手ぬぐいは、古くは古墳時代の埴輪に鉢巻きをしたものが発掘されています。奈良時代頃までの手ぬぐい状の布は、おもに麻の布でしたが、神事に関わる物に使われることが多かったようです。平安時代の文献には古語で「太乃己比（たのごい）」と記されています。「た」は現在の言葉では手を表し、「のごい」は拭う（ぬぐう）を表しています。「たのごい」は「てぬぐい」に似た響きがあり、「手ぬぐい」という言葉の発祥はこの時代とされています。当時の手ぬぐいは、織り上げたままの布か色無地ですが、身体や物を「拭う、覆う、包む」などの使い方は現代に繋がっています。木綿の生産が始まった江戸時代、手ぬぐいが爆発的に普及しました。

　手ぬぐいは粗い平織木綿の布（さらし）を等分に切ったもので、切った布端の始末はしません。切りっぱなしだと、乾きやすく、簡単に裂くことができ、布端がかさばりません。布端は多少ほつれてきますが、その時はほつれた糸を切ります。幅は反物の並幅（約34〜38cm）長さは布の一反（12m前後）を等分し、90〜100cm位です。無地のままではなく、いろいろな文様を入れるようにもなりました。江戸の手ぬぐいの代表的な豆絞りの手ぬぐいは、布を細く屏風たたみにして、半円を両側に並べてくりぬいた細長い板に挟んで染めました。

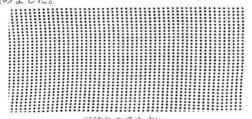

豆絞りの手ぬぐい

豆絞りの手ぬぐいを頭に巻いて焼き豆腐作り

お江戸の手ぬぐい使い　　お洒落に実用に　木綿の手ぬぐいは庶民のものでした

手拭屋の切り売り

オッと雨だ雨だ

気合だ！

へーい、ただいま〜

わしに何用で？

いらんかね〜

へい紺屋(染物屋)でごんす

掃除をしますから

おーい、迷子やーい

あれは確か　おつたさん

恨みまする

ちょいとお待ちよ

三谷一馬「江戸庶民風俗絵典」転載

東海道中膝栗毛（十辺舎一九　作）から

手ぬぐいは何にでも使われました。ご飯を失敬する時にも。

大混雑している宿場の夕食膳に北八がちょっとまぎれて…。

「ヲイこゝへも一ぜん、ハイハイ…北八…手ぬぐひをひろげ、
わんにもりたるめしを、一ぜんちゃっと打あけ、てぬぐひに
引つゝみ、やがてこそこそとにげ出」

「東海道中膝栗毛」（上）十返舎一九作　麻生磯路校注　岩波文庫　転載

手拭いは身体をこすって洗う、湯上りに体をふくなど風呂に入る時の必需品でした。

手ぬぐいと作品　平家物語を語り継ぐ「手ぬ具衣」2017年

琵琶法師が平家物語を語る市場に集まる人々を、手ぬぐいを使って次々と表現しました。
生活臭あふれる庶民の踊りには手ぬぐいが欠かせません。

腹話術師
「皆様こんにちは」

えばる髭（ひげ）
の男「まてっ！」

踊るお姉さん
「あらえっさっさ」

物売り兄さん
「買った買った」

杖のおじいさん
「いいお日和だー」

笠で顔を隠す女
「名は…ありません」

猫を抱いた女
「いやーん」

伝統芸能界での手ぬぐい

　木綿の手ぬぐいは、落語や日本舞踊、民俗舞踊などの伝統芸能の世界では扇子の次に必須アイテムです。落語では、手ぬぐいを、本にお金に茶碗に財布に煙草入れに、最近ではケータイなどに見立てた小道具として使います。小さく折ったままなのに、それが実際の本や携帯電話に見えてしまうから不思議です。日本舞踊では、手ぬぐいを広げて被ったり、細くねじって鉢巻きにしたり、肩にかけたり、四つたたみにして汗をぬぐったり、職人や庶民の日常を表す重宝な小道具として使われます。また裾を引く絹物を着た娘物では家紋入りの絹の手ぬぐいを、口にくわえたり、顔を隠したり、袖に掛けたりして優雅に使って踊ります。

　芸の中ばかりではなく、木綿の手ぬぐいは、お祝い事や襲名や記念などの証として、また挨拶、あるいは、落語家などの名刺代わりとしても配られます。見て楽しんで使って知ってもらうためです。手ぬぐい屋さんに独自のデザインを頼み、名前入り、屋号入りの手ぬぐいを作って、熨斗(のし p 106)や芸名の付いた和紙に包んで配るのです。我が家に何百とある頂いた手ぬぐいは、どれも特注で作られ、洒落ていて、配った方の思いが籠っていて使うことができません。手拭きや台布巾などにするのもはばかられ、次々にたまる一方です。今回久しぶりにそれらを見て、頂いた方々を思い出し、デザインに心惹かれ、うっとりと時間を過ごしました。そのいくつかをご紹介しましょう。幅はほぼ同じですが、長さがかなり違っていて、日本舞踊公演の記念として頂いた手ぬぐいは、踊りで使いやすいように長くなっていました。

大島三原山登山記念 34×84cm

三越劇場創立 80 周年記念 34×95cm

呉服屋年賀挨拶 37×91cm

落語家名前入り 34×91cm

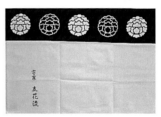

日本舞踊家家紋入り 38×118cm

桜文様手ぬぐい 38×100cm

(写真は手ぬぐいの一部です)

ピアノとタイヤの
浜松ご当地手ぬぐい　37×90cm

折りたたんだ手ぬぐいを熨斗や名前入りの和紙で包んで配る。

手ぬぐい製作工程

　東京日本橋にある手ぬぐいと浴衣の卸問屋・梨園染戸田屋商店を訪ね、戸田屋さんに伝わる手ぬぐいの製作工程を伺いました。

①　文様の型紙作り

　型染め文様の型紙となる渋紙は、上質な和紙に柿渋を何度も重ね塗りして作られる。

　絵師がデザイン画を描き、彫師がデザイン画通りに渋紙を彫る。彫られた型紙には、紗張師(しゃばりし)が絹の布・紗を張って仕上げる。大変な根気とち密さが要求される作業である。

　今ではコンピューター等で手彫りではない型紙も作れるようになった。

渋紙を彫る彫刻刀。彫師が自分で刃を調整。

渋紙を彫る。

紗張師が彫られた型紙に紗を貼って型紙を固定。
紗（白い部分）を張った手ぬぐいの手彫りの型紙。
文字一つ一つが彫られている。

　１枚１枚、型紙を置いて染める捺染法で手ぬぐいは染められていたが、明治期に注染（ちゅうせん）という技法が開発された。注染は何枚も布を重ねて染料を流し込み下から吸引し染料が下の布まで染み込む技法で、一度に多くの手ぬぐいを染めることができるようになった。

上の型紙と同じように字を白く抜いた手ぬぐい。
型紙がない部分の紗に染料が入って色が付く。
注染では表裏、色の区別がない手ぬぐいを染めることができる。

② 注染での染色

1.布の準備　2.糊付け　3.染色　4.糊落とし　5.脱水　6.乾燥　7.仕上げ

1. 布の準備・じゅ巻き

生地に不具合がないかチェックしながら
染の作業がしやすいように布を巻き取る。

2. 糊付け

布を屏風だたみに重ねながら1枚1枚、
枠に固定した型紙で布に謄写版のよう
に糊をつけていく。

3. 染色

布の糊付けがない部分に染料を注ぎ、
下から染料を吸引する。重なった布に
染料が染み渡る。

4. 糊落とし

洗い場の中で布をゆすりながらすすぎ、糊
と余分な染料を落とす。

5. 脱水

脱水機にかけて脱水。

6. 乾燥

脱水したものを
竿に掛けて、天日
干しにして乾燥さ
せる。

7. 仕上げ
伸ばし、たたみ、納品

乾燥させた布を延ばして、
屏風たたみにし、納品する。

◆ 手ぬぐいを作ってみよう、かぶってみよう、頭に巻いて踊ってみよう

① オリジナル手ぬぐいを作ろう

　家のどこかに手ぬぐいの1枚や2枚はありそうですが、もし家に手ぬぐいがなかったら、さらし木綿を買って自家製手ぬぐいを作りましょう。さらし木綿をそのまま切って使っても十分手ぬぐいの役割をしますが、少し模様を入れてみましょう。

絞り染め手ぬぐいの製作
材料）

さらし木綿　幅　約35cm　長さ　90～100cm
水で消える水性チャコペン
ポリエステル製ボタン付糸
木綿用染料

木綿用染料
（みやこ染）　　　　　さらし木綿

作り方）

柄の位置を決めて折る

布のミミ

縫った部分が
白い線として残る

1. 市販のさらし木綿を90cmから1mの長さに切る。

2. 1.のさらし木綿のミミ側の両端を柄の位置を決めて折る。

3. 折端から少し離れたところに水性チャコペンで縫う線を描く。

4. 糸2本取りで、折った布2枚重ねて線の上を3～5mmの針目で縫う。
　　引っ張っても抜けないように最初の玉どめは、大きめにかたく作る。
　　糸つぎはしない。

5. 糸をきつく引き締めて布を絞り、引き締めた2本の糸を3回ほどかた結びでとめる。

糸を引き締めて布を絞る

6. 染料の指示に
　　従い染める。

7. 乾かす。

8. 完全に乾いたら、ほどく。
　　玉どめをハサミで切る時に
　　布を切らないように。

乾かす

糸をほどいて、
軽くアイロンをかける

9. 軽くアイロンを掛ける。絞り模様の
　　部分はアイロンを浮かして掛ける。

　　　絞り染めでなくても、布用ペンで模様を
　　描いたり、布を輪ゴムで縛って染めたり
　　してもオリジナル手ぬぐいができます。

2.のように布を折らないで線上を縫って絞り、染めた手ぬぐい

② 手ぬぐいをかぶろう

吹流し

頭にそのままかける。
風で飛ばないように口でかむ。
ほこりの多い旅姿。

姉さんかぶり1

頭にかぶせ、後ろで重ねる。
髪の汚れ、みだれを防ぐ。

姉さんかぶり2

後ろで布端の角を結ぶ。サー掃除洗濯！

姉さんかぶり3

後ろで結んだ布端を丸め込む。

ほっかむり

あご下で結ぶ。
畑へ行くべ。

やぞう

脇で結ぶ。
チョットおしゃれ男。

ねずみ小僧

両脇でねじる。ねじる長さを長短にする。
鼻の下か脇で布端を巻き込む。額の布を前へ
引き顔をかくす。　顔を隠してひっそりと。

けんかかぶり

ねじる。　後ろでしばる
サー働くぞ！

ねじり鉢巻1

タテに四つ折りにして片手で巻いてねじる。
頭に巻いて右脇で長い方を下に重ねる。上か
ら長い方をはさむ。　祭りだ　祭りだ！

ねじり鉢巻2

ねじった手ぬぐいの中央を額に当てる。	後ろで2回交差させる。	両端を上からはさむ。布端を立てる。	かっぽれかっぽれヨーイヤサ！

③ 手ぬぐいを頭に巻いて　郡上おどり「春駒(はるこま)」を踊ろう

　盆踊りは本来、亡くなった方々をこの世に迎えて一緒に踊り、弔うための祈りの踊りでしたが、今では、皆が日ごろの憂さを晴らし、心と体を開放する楽しい踊りとなっています。手ぬぐいでねじり鉢巻きをして、自由に、形など気にせずリズムに乗って踊りましょう!

ねじり鉢巻 2

♪　しちりょうさんこま　はるこまはるこま　♪

1. 手はグー。手を組んでから上へ広げる　右足は上げてから伸ばす、2回。
　左足で反対、2回。

♪　んちゃちゃちゃん　んちゃちゃちゃん　♪(囃子)

2. 両手上から下へ伸ばす。右足は上げてから前へ下ろす。左足後ろへ上げる。
　足をそろえて正面向きで拍手。今度は左足を上げて反対。
　拍手の時以外、手は軽く握っている。1.2.を繰り返す。

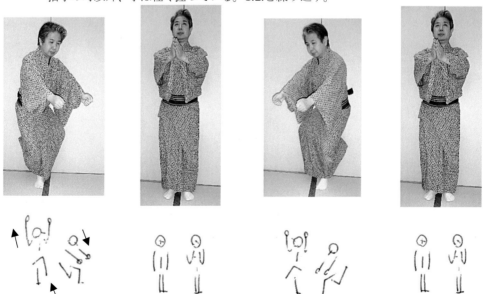

◆手ぬぐいを折りたたんでみよう

　今、店頭で売られている手ぬぐいは、肌触りがよく、柔らかく、丈夫で洗濯も気軽にでき、文様も洒落ていて、いろいろなことに役立ちそうです。New Trend 手ぬぐいを自由に折りたたんでみましょう。

　手ぬぐいは色落ちするものもあるので、初めて洗濯をするときは注意が必要です。

① 調理実習に

姉さんかぶり
けんかかぶり

② 前掛け

手ぬぐいでひもをはさみ、ひもを後で縛る、簡単前掛け。

③ 日よけ帽

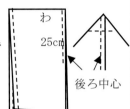 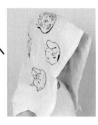

わ
25cm
後ろ中心

手ぬぐいを2枚重ねて二つ折りにし、片方はわから25cmの所まで4枚重ねて縫う。もう片方は2枚重ねた布端を縫いとめる。上の角を三角に縫う。裏返す。

④ タブレット収納袋

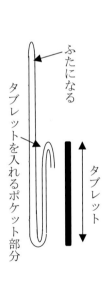

ふたになる
タブレットを入れるポケット部分
ふた
タブレット

手ぬぐいをタブレットの大きさに合わせてたたむ。上の布はふたになる。

タブレットの厚みを考えて、タブレットより少し外側の両側を糸2本どり又はボタン付け糸で縫う。

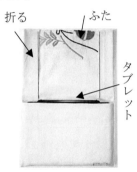

折る
ふた
タブレット

ポケット部分を表に返して、ふたの両脇の布を折って、タブレットを入れる。

上のふた布をかぶせる。

⑤ ポケット付き壁掛け

手ぬぐいを二重にして折りたたみ、入れる物の大きさに合わせて縫う。上の布の輪に棒をさし込み、ひもで吊るす。

縫う

棒をさし込む

日本舞踊と手ぬぐい

　日本舞踊の小道具として一番多く使われるのが扇子（舞扇）です。扇子を取り上げられれば手も足も出ない、というのが舞踊家の本音だと思います。扇子とは別に、市井のお富さん、熊さん、八つぁんなどを表す時に欠かせないのが手ぬぐいです。船頭さん、物売り、大工さん、まかないさん等、彼らの生活臭を表現するには手ぬぐいを使って演じるのが一番です。私も「手ぬ具衣」という手ぬぐいを変化させて市場に行き交う人々を次々と登場させる踊りを創りました（P88）。使ったのは、着物のよろけ縞文様とぴったり合う、友人の舞踊家さんの名前入り手ぬぐいです。その手ぬぐいを自分の体の一部のように、あたかも動きをすべて承知しているように扱わなければならず、何度も繰り返し練習をするのですが、手ぬ

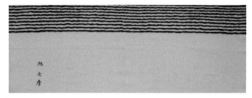

旭流のよろけ縞文様手ぬぐい

ぐいが思うような動きをしてくれず、なかなかミスなしで踊れるようにはなりません。しかし、そうも言っていられず、兎に角あらゆるミスを稽古の中で経験することにしました。不手際の全てを洗い出す覚悟で臨むのですが、気を緩めているとまた初歩的なミスまで出てきてしまいます。手ぬぐいのような、形の定まらない小道具を自在に扱うことは本当に難しいものだと実感しました。

　日本舞踊に「京鹿子娘道成寺」という、僧侶安珍への清姫の恋が主題の名作があります。「道成寺伝説」を舞踊化したものです。私は二十歳の時にその演目を踊りましたが、次々に衣裳を変えて6つの場面を踊り分けるほぼ1時間の長丁場の作品です。清姫が安珍への恋を語る場面で使うのが、絹の家紋入りの手ぬぐいです。花柳流では「京鹿子娘道成寺」が師範の試験課題曲で、師範を持っている人は必ずこの演目を踊り込んでいます。絹の手ぬぐいを手に、ゆったりとした長唄の名曲に合わせて踊ることは、日本舞踊に魅入られる一つの過程と言えるかもしれません。演じることの快感、音楽の中での心の浮遊、日常から離れた夢の世界、それらを体験するためには、まず型や振り、音楽と自分とを一体化させることが必要です。自分の体に作品がしみ込んで、自然に体が動いて、作品に溶け込まなければ一体化はありえません。考えて踊るのではなく、呼吸と共に自然に体が動く、どんな分野にも言えることですが、何十年も日々踊り続けても、体が自然に流れるように動く、そのこと自体が非常に難しいのです。

　さらしの普段使いの手ぬぐいも、日々触れて、使って、日常の中に溶け込ませて、日本の文化になったのだと思います。

「京鹿子娘道成寺」で使った、花柳流と私の家紋入り
絹手ぬぐい 154cm×34cm

「京鹿子娘道成寺」
手ぬぐいの場面

「京鹿子娘道成寺」
赤地に桜の刺繍がちりばめられた総縫いの衣裳

第 9 章

風呂敷

ブック包み

今でも役立つ風呂敷

　包む、運ぶ、掛ける、かぶる、敷く、何にでも馴染み、使用が済んでたたむとたちまち小さな布になる風呂敷は、多様性がある反面、包む、結ぶ、というひと手間が必要なこと、またしっかり結ばないとほどけてしまう不安定さがあります。さまざまな文様で彩られた四角い布は、着物、帯、帯締めなど多くの色や柄が入る和服の装いには、その一部として馴染んできましたが、靴、帽子、バッグまでの統一感をデザインする洋装とはミスマッチだったからでしょうか、忘れ去られて久しいです。ましてや、男性が持ち歩く習慣は、ほとんどなくなりました。しかし、手ぬぐいも風呂敷も今の生活から排除するにはあまりに惜しい優れものです。

　以前、結婚式の引き出物はいつもナイロンの風呂敷に包まれていました。その風呂敷の薄さ軽さ 1 辺約 90cm の大きさが実に使いやすく、旅行カバンの中の仕分けや稽古着や小道具を包むのに大変便利で、私も何年も愛用しています。今では風呂敷は、使い捨てのレジ袋や紙袋、自前の買い物袋に取って替わられてしまいました。40 年以上前に結婚のお祝いに頂いた絹の風呂敷は、縮緬(ちりめん)とは思えないほど薄手で柔らかく、包むものに馴染み、結び目が小さく整い、軽く、しかも友禅の美しい文様が入っていて私のお気に入りなのですが、その後何度か頂いた風呂敷は、厚くて重く、包む物の形に馴染まず、持ち歩くのには不便です。そこで、ネットでナイロン、ポリエステル、綿、絹の風呂敷の価格を調べてみました。ナイロン製は 500 円ほど、ポリエステル、綿は 1500 円ほど、絹は 1 万円以上の値段が付いていました。やはりナイロンの風呂敷で気軽に引き出物を包むのには値が張り、絹の風呂敷を差し上げるには、値段と使用頻度で躊躇(ちゅうちょ)してしまい、結局、気軽に贈答品として差し上げるのには、ポリエステルや綿の風呂敷になるようです。ポリエステルや綿の風呂敷は、厚手で、布がしっかりしているので丈夫で、収納品を包むのには便利で、押し入れに物を包んでしまうときなどに重宝ですが、持ち歩く風呂敷としては、結び目が大きくなり、またかさばって重く不便な気がします。

　持ち歩くにはやはり、皆さんのおばあちゃんやひいおばあちゃんの時代に大流行した薄手で柔らかな風呂敷です。そんな風呂敷が、タンスの奥にしまわれているかもしれませんよ。男性でも使える、紺やグレーの無地の風呂敷もあるでしょう。泥棒の定番となった緑の唐草文様の大風呂敷で布団が包まれて、押し入れにしまわれているかもしれません。もし、持ち歩くための風呂敷を新たに購入する場合には、是非、薄手で軽く柔らかい生地のものを選んで下さい。

風呂敷の起源

参考NHK 美の壺「風呂敷」NHK 出版

　室町幕府第三代将軍足利義光（在位 1368～94）は、大名たちが大勢で沐浴を行う「大湯殿」（おおゆどの）をつくりました。現代で言うサウナ、蒸し風呂です。当時は湯帷子（ゆかたびら浴衣）を着て入浴するのが慣わしでした。その時大名たちは脱いだ衣服をまとめて布に包み、湯上りにこの布の上で装束を整えたという記録があります。風呂場で敷いた布、風呂敷です。江戸になると、庶民は手ぬぐいや湯道具を四角い布「風呂敷包み」に包んで銭湯に通いました。やがて"包み"を省略して風呂敷となりました。

江戸の風呂敷

　生活の中で、物をまとめたり運んだりする時に、風呂敷は欠かせないものでした。風呂敷に包んだものを運ぶ時には、手に持つばかりでなく、肩にしょったり、棒の先に吊るしたり、腰に巻いたり、ひもで縛って肩に掛けたりと、多岐にわたっていました。

三谷一馬「江戸庶民風俗絵典」転載

泥棒のトレードマーク
唐草文様の風呂敷
唐草文様の風呂敷は明治から昭和にかけて大量生産され、どの家にも必ず1枚はあった。ひっそり忍び込み、金目の物をそれに包んで肩に背負い、抜き足差し足で背を丸めて音を立てないように持ち出す泥棒のイメージが定着した。

　江戸時代の生活を今に伝える古典落語の演目から、風呂敷が出てくるものをさがしてみました。

　泥棒と風呂敷が出てくる「しめこみ」という演目をご紹介します。

『どろぼうにも空巣ねらいというのがございます。人のうちの留守をねらうというやつで…「こんにちは、御留守ですか？ええ、あけっぱなしになってますが…物騒ですよ。ごめん下さい…あっ火がおこって、お湯がチンチンわいてる。遠くへ行ったんじゃあないよ。いまのうちに仕事をしなくちゃあ…」どろぼうのやつ、たんすのひきだしからふろしきをだすと、中のものをそこへつつんじまって、こいつをしょいだそうとすると、表に足音がします。こいつはいけないと思って、裏から逃げようとすると、裏はゆきどまりで、逃げられません。しかたがないから、あわてて台所へいって、揚げ板をはずして、ぬかみそ桶のとなりへかくれてしまいました』

　　この家の亭主が帰ってきて、風呂敷に包まれた衣類を見て、おかみさんの浮気を疑い、帰ってきたおかみさんと大喧嘩になる。亭主が投げた鉄びんの湯が、かくれた泥棒にかかり、大慌てで隠れていた床下の物入れから出てきて

『「へえへえ…この喧嘩のおこりは、あの大きなふろしきづつみでござんしょう？」「おや、おまえさん、よくご存じだね」「ええ、そりゃもう…で、つまり、早いはなしが、あのつつみをだれがこしらえたかがわかればよろしいんでござんしょう？」「うん、まあ、そんなもんだ」「では、おはなしいたしましょう…ええ、あのつつみてえものは、えへへへ、親方がこさえたてえわけのもんじゃあございません…また、おかみさんがこさえたてえものでもございません』『「じゃあ　おまえさんが、この荷物をこさえたんだね？」「えへへへへ…　まあ早くいえば…」「おそくいったっておなじじゃねえか…すると、おまえさん、どろ…どろぼうさんだね？」「えへへへ…まあ、そういったもんで…」』

「古典落語」続　興津要編　講談社文庫　転載

風呂敷のサイズ、素材

我が家の絹縮緬地に友禅染の風呂敷　　　　　上下布端は三つ折りにしミシン縫いで始末

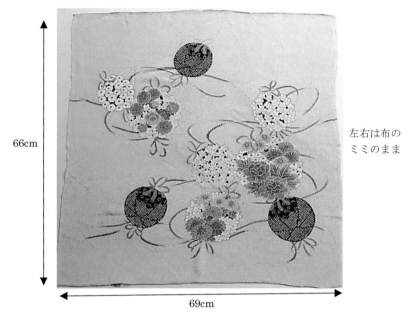

66cm

69cm

左右は布の
ミミのまま

　風呂敷は、正方形に見えるかもしれませんが、必ずしも正方形ではありません。反物（一定の長さで巻いた布）を切って、切った辺のところだけ三つ折りにして布端の始末をするので、三つ折りの始末をした方が短くなって、縦横の長さが多少違っています。今では、正方形のものも出回っているようです。

　素材は、絹、木綿、化学繊維で、1辺約45㎝の小風呂敷から、布団が包める240㎝程の大風呂敷まで大小10種類程あります。江戸時代には、大風呂敷を布団の下に敷いて寝て、火事の時は、その風呂敷で夜具や家財道具を包んで逃げたそうです。

綿・約90㎝　　　　　　　　絹・約68㎝　　　　　　　絹・約45㎝

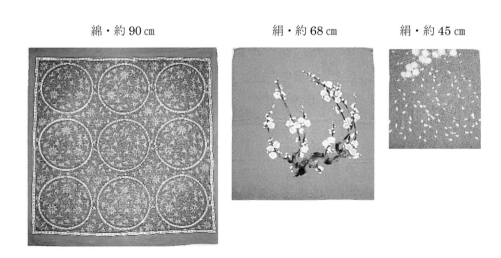

◆ 風呂敷を使ってみよう

① のし袋をふくさ（小風呂敷）で包む （のし袋…現金を包む和紙　参考P106）

　日本では祝儀、不祝儀の際に現金を差し上げる習慣がありますが、その場合現金をのし袋に包み、「のし袋を汚さないように」のし袋をふくさ（小風呂敷）で包んで持参します。以下の説明に使ったふくさは、約45cmの大きさで、差し上げる時にふくさから、のし袋を出して、たたんだふくさの上にのせ、のし袋の向きを相手側にして差し上げます。

　ふくさの包み方は、お祝いごと用の"祝儀袋"は右包み、お悔やみごと用の"不祝儀袋"は左包みにします。祝儀袋をふくさから出す時に、右包みの場合、自分が南を向いて正面胸の前で、太陽が昇る方向に、左から右にふくさを開けることができるようにのし袋を包みます。不祝儀袋の場合は反対です。

祝儀袋（右包み）

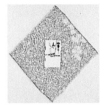 

| 1. 広げたふくさの中央にのし袋を置く。 | 2. のし袋の左側をかぶせる。 | 3. のし袋の上側をかぶせる。 | 4. のし袋の下側をかぶせる。 | 5. のし袋の右側を巻き込む。 | 6. 差し上げる時はふくさをたたみ、のし袋をのせる。向こう側（相手側）にまわして差し上げる。 |

不祝儀袋（左包み）

| 1. 広げたふくさの中央にのし袋を置く。 | 2. のし袋の右側をかぶせる。 | 3. のし袋の下側をかぶせる。 | 4. のし袋の上側をかぶせる。 | 5. のし袋の左側を巻き込む。 | 6. 差し上げる時はふくさをたたみ、のし袋をのせる。向こう側（相手側）にまわして差し上げる。 |

> 小風呂敷は包む用途が品物の場合は風呂敷といい、金封の場合は風呂敷とは区別して"ふくさ"と呼ぶことがあります。

② 風呂敷で包む

真結び

端の結び方は以後全て真結びでしっかりと結ぶ。

真結び　は風呂敷包みを美しく
機能的に仕上げるための必須の結び方です。

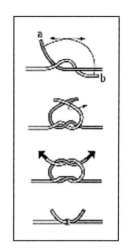

お使い包み　菓子折りなどを包む

1. 風呂敷の中央に品物を置き
   右図のように包む。
2. 残った二つの角を結ぶ時、
   内側に風呂敷を引きこむ。
3. 角を結ぶ。

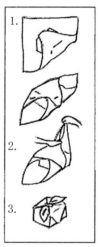

ひっかけ結び

1. 風呂敷の中央に品物を置く。
2. 隣同士のｂとｃを結ぶ。
3. ａを2.の結びの下に通し、
   反対方向に引く。
4. ａとｄを結ぶ。

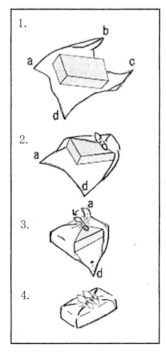

ブック包み

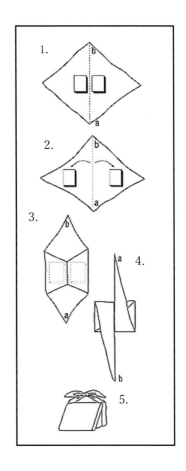

1. 本2冊を2冊分の厚みを空けて、中央に置く。
2. 本を外側へ反転させる。
3. 左右の風呂敷の角から本をくるみ、2冊同時に中央に集める。
4. 風呂敷のaとbを持ち上げ、中央で交差させる。
5. 交差させたa、bを挟むようにして、本を立て、かたく結ぶ。

びん二本包み

1. ボトルの底2本分の空間を空けて2本のビンを置く。
2. aを1.のボトルにかぶせる。
3. ボトルの胴の部分を持ち、回転させ風呂敷に巻き込む。
4. cの角を内側へ折り込む。
5. ボトルを立ち上げる。
6. bとdを結ぶ。
   包んでから、ボトルの底の部分が安定するように、整える。

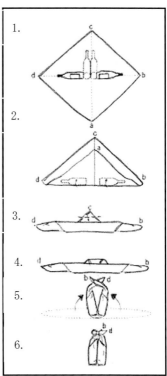

　2リットルのペットボトルを包むためには1辺約97cm大の風呂敷が良いようです。

桐生市ホームページ
http://www.city.kiryu.lg.jp
「ふろしきの包み方あれこれ」転載

ノートパソコン、タブレット包み

1. 風呂敷の中央にパソコンを置く。
2. 下の角をパソコンにかぶせる。
3. 左右の角を結ぶ。
4. 上の角をパソコンにかぶせ、
   巻き込む。

風呂敷忍者 歌舞伎の方に教えてもらったワザを大公開します！
折り紙で折った手裏剣(しゅりけん)と共に！

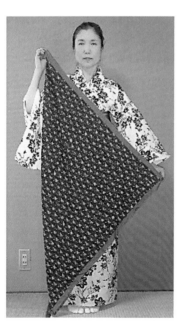
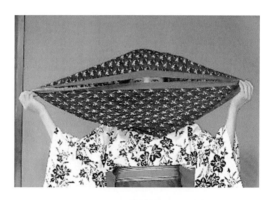

1. 大き目の風呂敷（この風呂敷は木綿製1辺97cm）を三角に折る。
2. 折った角を持ったまま風呂敷の間に顔を入れる。45°で折れている角を持って
   いる手（写真は右手）を離し、もう一方の45°の角を持つ。
3. 風呂敷から目を出し、手で持っている両角を後ろで結ぶ。　**我こそは忍者！**

手ぬぐいや風呂敷は儚い文化

十辺舎一九の東海道中膝栗毛を読んでいると、庶民がいきいきとしていて明るく、こちらも楽しくなってしまいます。戦がなく、死におびえない日々だからこそ、生活を楽しむことができました。庶民文化が花開く土壌が江戸時代にあったことがよくわかります。

世界中を見ても、日本は王侯貴族以外の人々である"庶民"が文化をつくりあげた稀有な国です。貴族や武士から使われ出した手ぬぐいや風呂敷が庶民社会に広

奈良茶飯　万年屋　旅には風呂敷が欠かせない

がり、工夫され、応用され、日々の生活にしみ込んでいきました。貴族や武士たちがしきたりや伝統、格式にがんじがらめにされ、こうであらねばならない、こうしてはならない、と強制されていた時代に、庶民たちは貴族、武家社会から降りてきた品々を、生活に合わせ、楽しみながら、遊び心であらゆる用途に工夫して使いました。そして、誰からも強要されたり命令されたりしない、生活の中の文化が花開きました。

私は2019年まで23年間も夏のヨーロッパに1ヶ月滞在し、国際演劇祭で公演を続けてきましたが、最初はヨーロッパの貴族たちが作り上げた豪華絢爛な文化遺産に圧倒され、日本文化は、何か日常の臭いがする、簡素で粗末で色あせたものに見えてしまいました。ある時、ヨーロッパのお城中を覆いつくした宝飾品の中にいても、自分は入ることができず、ただ羨望で眺めていることに気付きました。金銀財宝は自分の場所まで降りてきてくれないのです。自分の中には全く存在しない遠いものなのです。思い出してみれば、日本には、生活の中で育まれた優れた文化がありました。あまりにも身近で簡素なので、その価値がわからず、生活が変わってしまった故に、放っておかれ、忘れられたものが多くありました。手拭いや風呂敷なども何

の変哲もない単なる1枚の布なので、一度使い方を忘れてしまえば二度と思い出さないような、儚い文化です。まだ身の回りにあるうちに、目を向け活用し、未来へ繋げないとは、ほんとうに"モッタイナイ"ことです。

手ぬぐいをかぶって暮れの餅つき

三谷一馬「江戸庶民風俗絵典」転載

豆知識 のし袋（101ページ）について

参考 暮らしに使える［折形の本］
山根一城 PHP研究所

　鎌倉時代の武家社会では、物を和紙で折り目正しく包み、こよりや水引（細く切った紙によりをかけてひも状にし水糊で固めたもの）でとめる折形の文化が確立しました。礼を重んじ相手への尊敬を表すために、和紙で贈答品を包み、相手の屋敷に出向いて直接渡しました。折形という和紙の美しい折り方は、箸、花、茶菓、現金などの包み方として今でも珍重されています。

　折形の一つである、金銭を入れて渡すための"のし袋"について説明しましょう。結婚祝い、出産祝い、入学祝いなどのおめでたい時に使うのし袋は祝儀袋、葬儀、法要などのお悔やみに使うのし袋は不祝儀袋（香典袋）といいます。祝儀袋は上包み（上袋）、熨斗(のし)、水引、で構成されていますが、不祝儀袋（香典袋）は上包みと水引だけで、熨斗はありません。熨斗はアワビの肉をはぎ、引き伸ばして乾かしたものを、和紙で折り包み、祝意を表すために進物に添えたものです。今ののし袋には、作り物の熨斗が付いていたり、直接印刷されたりしています。水引はのし袋を上からとめる紐です。何度あってもいい出産祝いや入学祝いの祝儀袋には、両方に輪があり、何度もほどいて結び直せる"両輪（もろわな）結び"にします。結婚祝いの祝儀袋や不祝儀袋には、一度限りでありたいという願いから、ほどけない形の"結び切り"にします。水引が印刷されているものもあります。

結婚祝いの祝儀袋
　水引は金銀、婚礼にも弔事にも使える鮑（あわび）結び。熨斗が付く。

祝儀袋・裏
　天（上）から先に折り、次に地(下)から折り上げる。これは、天に向かって開放し、喜びの気持ちを表すためだと言われている。

下から折り上げた紙の端

通夜や葬儀用の不祝儀袋
　水引は白黒、鮑（あわび）結び。

不祝儀袋・裏
　地（下）から先に折り上げ、次に天（上）から折り下げる。これは悲しみで頭を下げる形を表していると言われている。

上から折り下げた紙の端

熨斗と水引が印刷された祝儀袋、不祝儀袋
　"ほどけない結び"結び切りの水引。左婚礼用、右不祝儀用。

　"何度もほどいて結び直せる"両輪（もろわな）結びの水引。一般祝儀用。

点袋（ポチぶくろ）
　お年玉やちょっとしたお礼、お小遣いを渡す時には小さな袋にお金を入れて渡す。
　左は端午の節句に金銭を渡す時の手折りのポチ袋。

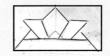

第 10 章

扇子

「ゆれる〜浮舟」2019

扇子にもカジュアルとフォーマルがあります

　皆様は扇子、というとどのようなものを思い浮かべますか。まずは、夏に仰いで涼をとる夏扇（なつおうぎ）でしょうか。最近は夏の暑い最中、心地よく風を送ってくれる携帯扇風機が出回り、手を使って扇子で仰ぐ習慣が薄れてしまったようです。冷房のない時代、氷、風鈴、うちわ、そして夏扇などが夏の風物詩でした。太陽がギラギラしている日中には、氷屋さんから買った氷で冷やすスイカやラムネでほっとして、月明かりが美しい夜は家の縁側で、または道に出した縁台（木や竹製ベンチ）で蚊取り線香を焚きながら、浴衣を着て片手にうちわや夏扇を持ち、就寝前の一時、涼みながら花火やおしゃべりを楽しむ風景があちこちで見られました。今でも浴衣にはうちわや夏扇がとてもよく似合っています。うちわを帯の後ろにはさんだり、帯の前に夏扇を挿しているだけで、花火大会や夏祭りの演出ができ、浴衣姿が様になる気がします。浴衣で歩きながら仰いで、隣の人にも風をさりげなく送ったり、右や左にパタパタと虫や蚊を振り払う仕草にも、どこか夏ならではの風情があります。もちろん、絽などの絹の着物で夏扇を使っていると、さらに装いが鮮やかになり、夏の着物姿のグレードが一つ上がる気もします。

　夏扇以外でまず思い出すのは、落語の高座扇（こうざせん）かもしれません。箸や刀、キセルに化ける見立ての扇子や手ぬぐいがないと、落語表現は魅力が激減してしまいそうです。扇子を少し開いて、それを見ながらうなずけば扇子が手紙になるし、手ぬぐいの皿から閉じた扇子ですくってズズッといけば、のど越しのいいそばになります。高座扇に限らず全ての扇子は究極のシンプルさで、何にでも変化し応用が利く洗練された美の道具といってもいいと思います。また、末広の形をした扇子は、祝儀の場で、礼儀作法にかなった携帯品としての役割もあります。お辞儀をするときには祝儀扇を手に持って挨拶をするのが、第一礼装の時のしきたりです。この本の"はじめに"に、日本文化には庶民が育てたカジュアルなものと、多くの決まり事、型があるフォーマルなものがあると書きましたが、扇子にも、多くの種類があり、カジュアルとフォーマルが共存しています。夏扇のように、自由に使えるカジュアルな扇子より、使い方に決まりがあるフォーマルな扇子の方が、多くの種類があります。

扇子の形

　扇子は扇面と扇骨（親骨、中骨）で成り立っています。親骨と中骨を綴じる要が扇子を形作っていて、ここがないと扇子は形を保てません。今、多くの扇面は、紙の両面張りなので表裏全く同じです。

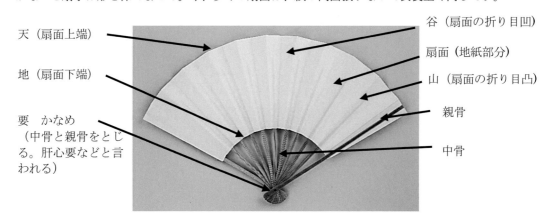

天（扇面上端）

地（扇面下端）

要　かなめ
（中骨と親骨をとじる。肝心要などと言われる）

谷（扇面の折り目凹）

扇面（地紙部分）

山（扇面の折り目凸）

親骨

中骨

扇子の歴史

① 檜扇　ひおうぎ

　扇子が誕生したのは日本です。薄く切った細長い短冊状の檜の木片を束ね、扇面上部を絹糸で綴じ合わせ、束ねた下方に穴をあけて（要）、紐などを通して縛ったもので、最初は板にモノを書きつけ、メモの道具として使われていたようです。この檜で作られた檜扇（ひおうぎ）は、位の高い男性の持ち物でしたが、その後婦人たちにも広まり、平安時代には、宮中の男性女性の正装でも必要なものとなりました。ひな人形の十二単の女君（おんなぎみ）の手にあるのが檜扇です。今でも皇室の正式行事で妃殿下が手にお持ちになっています。

檜扇を持つ十二単衣の女性
「被服構成学」光生館　転載

扇子専門店の檜扇
平安装束を着た時に
使われる

5〜6色の飾紐を蜷(にな)結びにして余りを長く垂らす。持ち歩くときは閉じた檜扇に紐を巻く

② 蝙蝠扇　かわほりおうぎ

蝙蝠扇（裏面）

　次に板ではなく、紙を片面に貼り付けた「蝙蝠扇かわほりおうぎ」が登場します。その形がこうもりに似ていた、また「紙貼り」の音が変化した等が由来とされています。片面貼りで裏面は扇骨が見えていました。

③ 両面紙貼りの扇子

　日本から中国へ渡った扇子が、中国で紙を骨の表裏の両面に貼ったもの（両面張り）になったようです。それが逆輸入され、両面貼り紙扇子が日本でも主流になりました。

　鎌倉時代や室町時代の日本人の肖像画を見ると、皆、片手に扇子を握っています。武士や僧侶は扇子を常日ごろ携帯していた様子が伺えます。扇子の形も、閉じた時に先が開いている中啓（ちゅうけい）から先が細くなっている鎮折（しずめおり）へと変化しますが、今でも能では演目により中啓が使われています。礼法が確立された室町時代には、暮らしの折目節目に扇子が多く使われるようになりました。

中啓を持つ中世の僧侶

今の女性用中啓。能がかりの舞踊で使う。朱色の地紙に金の箔置き。長さ33.5cm

九郎判官源義経
中尊寺蔵

109

④ 西洋の貴婦人の扇子

　日本発祥の扇子は、中国から西洋にも渡り、17世紀から19世紀にヨーロッパ貴族社会で大流行しました。貴婦人たちが持つ絹や象牙や鳥の羽の扇子は、要の締めが緩く、開閉自在でした。扇子を横にするだけで、また骨を指でずらすだけでするすると開き、顔を隠す、口に当ててひそひそ話をする、閉じた扇子をたたいて相づちを打つ、ぱっと開いて思いや感情を表現するなど、彼女たちの実用とおしゃれを兼ね備えた小物として日常のお供になりました。

グラン・ローブ・ア・ラ・フランセーズ
「西洋服飾版画」
石山　彰　編　転載

家にあるヨーロッパの婦人用扇子の表。　　片面貼りのため裏は扇骨が出
絹地に薔薇の模様入りの片面貼りの扇子。　ている。長さ23cm
骨は透かし彫りに薔薇の花模様。

日本の扇子の主な種類

　日本の礼法の中でも、また、茶道、香道、能楽、歌舞伎、舞踊、邦楽、落語、講談等の伝統文化の中でも、扇子は欠かせないものです。着物と扇子はセットになっていて、着物を着た時は最後に扇子を帯に挿して完成です。最近では扇子を携帯しないことも増えましたが。日本舞踊では、扇子を使わない稽古でも、扇子を持参し、挨拶の時にその扇子を使います。能の地謡方は自分が謡うときには扇子を手に持ち、謡わない時は自分の前の床に扇子を置きます。扇子を床に置くのは、地謡方とワキ、シテの間に結界(境界)を敷き、能舞台を二つに切るためだそうです。

　伝統の中だけでなく、夏に涼をとる普段使いの夏扇もあり、骨の数や扇面の大きさ、素材等いろいろな場面でやや違った扇子が使われます。①～⑧は我が家にある扇子の一部を並べてみました。

①　女性用②男性用夏扇

③　女性用金銀祝儀扇

④　茶扇子

⑤　女性用祝儀扇

⑥　男性用祝儀扇

⑦　舞扇9寸5分

⑧　舞扇尺

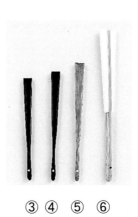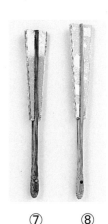

①　　②　　　③④⑤⑥　　　⑦　　⑧

カジュアルな扇子
夏扇　なつおうぎ　①②

　今、一番使われている両面紙張りの扇子です。夏に着物の帯に挿したり、カバンに入れておいたりして、暑さをしのぐために使います。女性用はやや小ぶり、男性用は少し大きめになっています。夏扇は使い方に特に決まりやしきたりがなく、涼をとるために仰ぐことができる扇子です。夏扇以外の扇子では、仰いで涼むことはあまりありません。夏扇の扇面はさわやかな色であったり、涼しげな柄が描かれていたりしていて、女性用の夏扇は仰ぐとほのかな香りがする扇子も多いです。いい香りのする白檀の板を彫って束ねた扇子や、片面張りの布の扇子もあります。

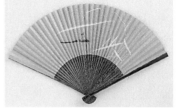

①　女性用夏扇 18.5cm　　　　②男性用夏扇 22cm

フォーマルで決まり事のある扇子
茶扇子　ちゃせんす　④

　茶道で使う扇子です。

　客は扇子を持って茶室に入り、膝前に扇子を置いて主人に挨拶をします。「結界を引き、自分の世界と相手の世界を分かち、相手の世界に敬意を表す」ためです。

茶道以外でも扇子を使った挨拶は、この考え方が根底に

④茶扇子
　黒塗りの親骨、からし色の中骨 19.7㎝
　（茶扇子は黒塗りの骨又は白竹の骨
　　長さ 15ｃm～19.7ｃm）

あります。扇子で引いた境界線から自分を少し低い位置に置いて挨拶をするのです。茶道では扇子を使用しない時は自分の横や後ろに置いたり、帯の間に挿したりしておきます。それらは全て決められた作法です。扇子を開いて使うことは、ほとんどありません。金銭を渡す時にお札の入ったのし袋を乗せて、相手に差し出す時にだけ扇子を広げて使います。扇子の使い方は流派によって違いがあるようです。

祝儀扇　しゅうぎせん③⑤⑥

　結婚式などの祝儀の席では、礼装の小物として祝儀扇は必需品です。祝儀の折には、扇子を持った正式な挨拶が必要だからでしょうか。女性の最高の礼装である黒留袖を着る時、骨は黒塗り、地紙は表裏金銀の祝儀扇③を使います。色留袖や訪問着などには、白竹の骨の祝儀扇⑤も使います。末広の形が、縁起が良いという事で「末広すえひろ」とも

③女性用祝儀扇
　金銀の地紙に黒塗りの骨　18.2cm

呼ばれます。未婚女子の第一礼装である振袖には、ため塗り（赤茶色）の骨もあります。

男性の紋付き羽織袴の第一礼装の祝儀扇は長さ
27ｃｍの白い竹骨で扇面が白の白扇(はくせん)⑥を、
その他の礼装の時にはやや小ぶりの高座扇も使います。

男女共、帯の左側に挿しておき、挨拶や写真を撮る
時等に帯から抜いて手に持ちます。

⑥男性用祝儀扇
　白の地紙に白竹の骨　27ｃｍ

舞扇　まいおうぎ　⑦⑧

　舞扇には親骨の長さが９寸５分（28.8㎝）、９寸８分（29.7㎝）、１尺（30.3㎝）の３種類あり、それ
ぞれ「９寸５分」、「９寸８分」、「尺」の扇子と呼ばれます。扇専門店で売られているのは「９寸５分」と
「尺」です。「９寸８分」は特注になります。

　女性の場合、舞台では３種類の扇子を使い分けます。演者が小柄だったり、あまり扇子を目立たせたく
ない場合は「９寸５分」、しっかり扇子の存在をアピールしたい場合は「尺」を使います。「尺」より扇子
の存在を押さえたい場合は「９寸８分」です。９寸５分と尺は扇面の幅が1cm程の違いなのですが、扇面
全体の大きさ、存在感がまるで違うのです。男性は舞台で尺を使うことが多いようです。稽古用は、「９寸
５分」は女性用、「尺」は男性用の大きさとされていますが、女性でも尺を使っている方もいます。

⑦９寸５分（28.8㎝）
鳥の子の地紙にぼたん、黒塗りの骨

⑧尺（30.3㎝）
桃色の地紙に金銀箔置き、白い竹骨

日本の伝統の中での扇子のおもな使い方

① 扇子を携帯する

　女性は帯と帯揚げの間、または帯と帯の間の
自分の左側に、少し扇子を右に傾けて先を２～
３㎝出して挿します。
　男性は、角帯と着物の間に挿します。
　夏扇も同じように左わきに挿します。

② 扇子を持って挨拶をする

扇子を帯から取り出す

・扇子先を右手で取り、帯から抜きます。

　自分の前に右手を伏せ、扇子を真横にします。

　要は右です。親骨が上です。

・左手で扇子を右手の下から受け、

　右手を扇子の上で右へずらして、両端を持ちます。

　左手で下から扇子を支え持ち、右手で扇子の要を

　上から握ります。

扇子を持って挨拶をする

　　　茶扇子、祝儀扇、舞扇を持って挨拶をする時

立礼

　　和風住居では、座って挨拶をするのが普通で

　したが、洋風化の流れで、立って挨拶をするこ

　とが多くなりました。立礼では扇子を両手で持

　ちそのまま、腰から曲げて挨拶をします。

座礼

　　膝の前に膝と平行に扇子の中心を

　自分の中心に合わせて右手で置きます。

扇子の親骨を
上に向けて置く。
要は自分の右側。

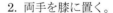

1. 扇子を、親骨を上向きにして
　膝と平行に前中央に右手で置く。

2. 両手を膝に置く。

3. 両手先を床につける。

4.腰から曲げてお辞儀をする。　　5.両手を膝に戻す。

6. 扇子を右手で取って、左手で扇子の左下を持つ。
7. 右手を扇子上で左へずらし、扇子先（天の部分）を右手で握る。
8. 左手を帯に添え、扇子を抜く時のように右手で扇子を帯に挿す。

③　扇子を開く　持つ
扇子の開き方

　扇子を開く時は、要や骨を傷めないように、右手で要を上から握り、左手で親骨を下から支え持ち、親骨や中骨、要をひねらないように開きます。一番上の最初の親骨を両手の親指で1枚だけ開き、次に自分の向こう側に右手親指で親骨を押し、下の親骨を手前に左手で引くように開きます。扇骨や扇面をひねらないように、両手で扇面を一枚ずつずらして開きます。

夏扇　　　　　　　　　　　　舞扇

右親指で上の親骨を向こう側へ押すように、左手で下親骨を引くように開く。

広げた夏扇の持ち方

　要の部分を手の掌で包むように持ちます。自分の外側が扇子の表です。

　夏扇は涼をとるための扇子なので仰いで使いますが、他の扇子では涼をとるために仰ぐことはしません。

扇子の裏側
　掌に要部分を乗せて手で包むように持つ。

扇子の表側
　扇子をひっくり返して胸前に持ってきて手首と腕を使ってあおぐ。外側が扇子の表。

夏扇は、自分に合った使い方をしてもよいカジュアルなものです。周囲の邪魔にならなければ、型にとらわれず、自由に使ってよいのです。ただ、やはり開き方、持ち方、仰ぎ方、携帯の仕方をよく知ってから、少し自分流に応用するのが必要だと思います。夏扇を手に取り、親指で親骨を向こう側へ平らにずらすように開けて、掌で要の部分を握り、扇の表を外側にして胸に付け、手首だけで操るのではなく、地紙の動きに沿わせるように腕全体をそっと使って静かな風を作ってみて下さい。夏扇が美しく振舞ってくれること間違いなしです。着物を着た時、夏扇で仰ぎながら、袖口、袖の振りや襟元から着物の中へ風を静かに送ると、涼風が体を巡ります。もちろん、洋服に夏扇もいいものです。和風と色どりを加え、涼やかな風と共に、お洒落な雰囲気を醸し出してくれます。

◆扇子の元祖、小さな檜扇を作ってみよう

長さ 9 cm 10 枚重ね

材料）

　経木 きょうぎ（杉や檜などの木材を薄く削ったもの。

　　　　店舗により、厚さが違う。ネット販売や食材店で購入）

　　　　2 cm×9 cm を 8〜10 枚 ＋ 予備 2 枚程

　プラスチック留め具（径 10 mm　板厚 1.8 mm　めねじ径 4 mm）1 つ

　　　　　　（品番　TRUSCO　プラスチック留め具 TSL-10-1.8）

　糸（ボタン付糸や刺繍糸等　あまり細くないもの）30 cm位

　糸を通すためのテグス（釣り糸）や細い針金等　20 cm位 1 本

　速乾性ボンド

　綿棒（ボンドを付ける時に使う）

めねじ
おねじ

プラスチック留め具

道具）

　穴あけ用パンチ（留め具のめねじの径のもの　4.5 mm）

　きり（糸を通す穴用）

　はさみ

　目玉クリップ（木片を挟み固定する）

穴あけ用パンチ

作り方）

　1.　経木を 2 cm×9 cmに予備を含め 10〜12 枚ほど
　　　はさみで切る。長辺が木目に沿う方向。節は避ける。
　　　扇面となる。

　2.　8 枚から 10 枚の木片を、数枚重ねてずれないよう
　　　に目玉クリップでとめる。

2×9cm
目玉クリップ

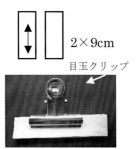
切った経木を重ねてとめる。

3.　３方向から５㎜のところに点で印を付け、５mmの点を目安
　　にパンチで３方向から穴の中心が１㎝になるように穴を開け
　　る。経木は簡単に割れるので、数枚ずつに分けて穴を開ける。

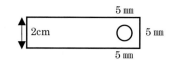

4.　穴をあけた木片を８～10枚重ねて
　　プラスチック留め具でとめる。留め具は扇の要となる。
　　めねじを3. の穴に入れて、おねじを押し込む。
　　穴をきりで開け、紐で留めることもできる。注)参考

留め具おねじ

5.穴をあける

扇の表側になる

5.　要の表を上にして、下端と左端から５㎜程の所に
　　細いきりで穴を開ける。経木が割れないようにそっと。
　　左利きの人は、上端と左端から５㎜の所にきりで穴をあける。

6.　テグスか細い針金を二つ折りにし、
　　糸通しにして5. の穴に通し、
　　糸を穴に通す。

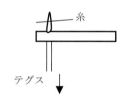

糸

テグス

糸

7.　扇面を均一に広げる。糸が抜けないように、
　　最初の糸を引いておく。

8.　広げた扇面裏から5. で開けた板の穴の部分と糸を
　　ボンドでとめる。綿棒を使うとやり易い。完全に乾かす。

ボンド

9.　糸を両端２～３㎝残して切る。

10枚重ね

左きき用（8枚重ね）

10.　檜扇を閉じてみよう。

閉じたところ

注）要に使うプラスチック留め具の高さが足りなかったり
　　穴に入らなかった場合は、紐（組紐等）を通し両側を
　　玉どめでとめる。その場合、要の部分をパンチではな
　　くきりで穴開けし、6.のテグスや針金の糸通しで紐を通す。

日本舞踊と舞扇（扇子）

　日本の伝統芸をする者にとって「お扇子は命と心しなさい」と初めての稽古で諭されるほど扇子は大切なものです。決しておろそかに扱ってはいけません。日本舞踊では、扇子の持ち方、帯に挟む方法や位置、床に置く等、扇子を扱う場合の全てに作法があります。ぞんざいに扱っては芸の神の怒りを買い、決して芸が上達しないと教えられます。稽古の始めと終わりには必ず、扇子を床に置いて、師匠に挨拶をします。自分のひざ前の床に扇子を置く時は、右手でしっかり要の部分を持って、自分の膝と平行に、体の中央に扇子がくるように、程よい距離を持って置きます。その位置が一つの美にもなります。背筋を伸ばして、扇子を置き、手先を床に付けて礼をする、正式な日本の挨拶です。宜しくお願いいたします、ありがとうございました、と心で言いながら挨拶をして、師匠と弟子の関係を確認し、教える側と教えられる側をはっきりさせ、また稽古の始めと終わりのけじめを付けます。扇子を置いて始めの挨拶をした時から、弟子は師匠の教えに口答えなく、素直に従わなければなりません。そうでないと、伝承芸は伝わらないからです。まずは、長い時間を掛けて人から人へ伝えられてきたものを、自分が真っ白になって学ぶのです。踊りの内容から始まり、歩き方、体の使い方、音の取り方、空間の捉え方等、学ぶことはたくさんありますが、なかでも非常に厄介なのが扇子の扱い方です。あたかも自分の体の一部、第二の手のごときに扱うようにするのは、並大抵の事ではありません。扇子を自在に操るにはコツがあります。そのコツを学ぶ時にも、まずは最初に扇子を自分の膝前に置き手を床について自分を白紙に戻す挨拶が必要です。

　日本舞踊では、扇子を様々な日常の道具に変化させる見立てとして使う以外に、怒りや笑い、悲しみなどの感情や、波や雨、風などの水や大気の動きまでも扇子に語らせます。またそればかりではなく、扇子は体の中心軸の動きの代弁者にもなります。着物、じゅばんなど何枚も重ねて着ている上に、さ

「月恋」月になる　　　「桜絵巻」桜咲く

「春逝く」春風
（「桜絵巻」と同じ着物です）

らに胴に帯まで巻くので、動きの表現が制約されます。そのために扇子に語ってもらうのです。扇子があたかも体の一部のように、伸び、ひねり、傾き、そり、震え等の体の動きを扇子に伝えるのです。そのためには、体の中心軸から腕へ、扇子を握っている手へ、そして扇面まで電流のように自分の動きを伝えなければなりません。しかし、扇子はすぐに、電流が途切れたように、演者の意志から離れ、傾いたり、落ちたり、勝手な動きをしたりしてしまいます。扇子を指と掌でギュッとしっかり握って、自分の体の一部、第二の手のようにコントロールし、頭で扇子の動きを計算して、電気の流れを滞ることなく、すきなく扇子に伝えなければなりません。上手な人は投げた時でさえ、電流が扇子に伝わっています。扇子の扱いができるかどうかが、巧拙の境目でもあるのです。また扇子を常に意識していると、扇子は美しい位置に収まります。扇子と共に自分を創る事、扇子を自分の一部にすること、扇子を体の芯で動かすこと、本当に時間のかかる訓練です。

扇子（舞扇）には稽古用と舞台用があります

　　扇子には舞台用と稽古用があります。舞台用は、その演目用の扇子を用意するのが普通で、扇子を使った演目の数だけ扇子があり、舞台用は市販の最高級品か特別注文品を用意します。扇子は、演者にとって非常に大切な存在で、どのような扇子をどのように使いこなすか大変に悩みます。演目、着物、帯、髪型、舞台美術と、扇子の大きさ、扇面の色や模様、扇骨が黒塗りか白竹かなどがマッチしていないと、まるでちぐはぐな作品になってしまいます。日本舞踊の美、着物の美を完成させるのは実は扇子と言っても過言ではないと思います。自分の動き、静止の形、扇子の動き、扇子の位置など、すべてが一体となって何かを語る時、一つの作品が生まれます。

　　稽古用には、市販の既製品を使います。毎日の稽古に使い回されて、扇面が破れたり、扇面と親骨がはがれたり、要がはずれたりするため、今まで数知れずの扇子を処分してきました。扇子の親骨と中骨の間に人差し指を入れて扇子を回す振りを稽古すると、あっという間に扇面が破れてしまいます。扇子と稽古着、足袋は値の張る消耗品でもあります。

破れた扇

破れた部分に和紙を貼って修理

フランスのダンサーが、私が修理した扇子で、日本の伝統を学びました

　　2018 年に、フランスでバレエ、コンテンポラリーダンスを指導されている黒井氏から、パリの国立コンセルヴァトワール（音楽・舞踊高等学院）で扇子を使って能の仕舞を教えたい、と連絡がありました。そこで、私の"お古"の扇子と浴衣を渡仏の際にお譲りすることにしました。破れた部分に和紙を貼り、ゆるんだ要をたたいてきつくした扇子 7〜8 本と、着古した浴衣数枚をお持ちしたところ、黒井氏の指導の下、将来のダンス界を担うであろうダンサー達が、扇子と浴衣で舞う感動的な写真が送られてきました。

特別注文の扇子の製作工程を説明しましょう

　　私の日本舞踊創作作品「サロメ」
　の特注の扇子作りについてです。

　① まずは演目決めです。

　　　聖職者ヨナカーンの魂と命をもてあそぶ女
　　「サロメ」に演目を決めました。
　　　扇子は時にヨナカーンの魂と命になります。

「サロメ」2011 年

118

② 次に衣裳を決めます。

　以前、京都の友禅作家から購入した朱の波と金の市松文様の着物にしました。色がはっきりして
いて激しさがあります。それに金の帯です。さらに血なまぐさい激しさを出すために、衿と帯の上部
分に赤の別珍を重ねて筋を入れました。

③ 扇子の注文です。

　演目と衣裳が決まりましたら、扇子の注文に浅草へ出かけます。扇子の特注を受けて下さる職人
さんは、今、大変少ないのですが、舞台で一段と映える扇子に手を抜くわけにはいきません。美しい
色とデザインの存在感が素晴らしくて、私の注文扇子はいつも浅草東扇堂さんです。

④ デザインの下見です。

　東扇堂さんから扇面ができたので見て欲しいと連絡がありました。早速出かけましたが、私のイ
メージとは少し違うというお話をしましたら、描き直して下さるとのこと、有難くお願いしました。

1回目の打ち合わせの扇面

2回目の打ち合わせの扇面　赤い部分の描写を
激しくし、銀粉を散らしたもの

⑤ 出来上がりました。

サロメがヨナカーンの命をもてあそぶ激しさがあり、見た瞬間すぐに気に入ってしまいました。

薄いピンクの肌色の地紙に、真っ赤な血潮色の扇子
銀粉の上にさらに金粉を足してある

東扇堂さんに聞きました。

　『仕事に当たっては特にコツのようなものはありませんが、やはり一朝一夕ではこなすのに難しい
仕事ではあります』両面貼りの扇子は、折りたたんだ2枚の地紙（扇面）の間に中骨を差し込みま
す。その作業の写真を送ってくださいました。

折型

扇面を折る
　「折型」と呼ばれる二枚一組の厚い紙ででき
た型（写真左端）で扇面を挟み、折り込んで、
指先で微調整して扇子の形を決める。

扇面と扇骨を取り付ける
　扇骨に刷毛で糊をつけ、2枚の扇面に開
けたすき間に扇骨を差し込んで固定する。

変幻自在な扇子と共に歩む、古典から多くを学ぶ

　扇子をいかに扱うか日々考える生活をしています。扇子を、見立てとは別に、自分の体の一部のように、自分の体の延長線として扱うことも多く、そのような使い方の時は、扇子の軌跡と収まった時の位置が、非常に大切になります。自分の体と扇子がぴったりとはまる位置を模索します。そして、ふと気づきました。私は創作を自分の活動の中心に置いてきましたが、気付いてみると、扇子の扱い方、握り方、つかみ方、扇面の動かし方、扇子の位置、方向、距離、すべて古典作品を師匠から学ぶ中で得たものでした。日本舞踊では、踊りの演目を習いながら、見て、真似て、動いて、身に付ける見様見真似で習得する学び方です。決して技法を細かく説明してもらうことはありません。師匠や先輩方がどのように動いているかを必死で見ながら、先人たちの背中を見て学ぶのです。そのような、"演目を学ぶだけの稽古"に反発も感じてきました。仕方なく、自分で考え、自分で動きながら身に付けます。それでも数十年が経つと、不思議にあらゆる技法が見えてきて、先人たちの、体使い、扇子の扱いや、扇子表現を応用している自分に気付きます。こんなに奥深い芸や技術を、後世に、そして私にまで繋げてくれた先人たちに深く感謝せずにはいられません。

　扇子は、閉じて1本の棒、2枚開いて鋭い三角形の手持ち道具となり、扇面を全て開いてあでやかな表現者となる。扇子を持った手を

Vol.62 リサイタル「ゆれる〜浮舟」2019 年

横に真っ直ぐに伸ばせば風が吹き、扇子を自分の前で高く掲げれば、空に昇る満天の月に、8の字を描くように振り回せば荒れ狂う思いになる。　今回、扇子を見つめる中で、変幻自在に変化する扇子に助けられて、自分の作品を構築し、創り続けていることに改めて気づかされました。

　踊りを創ること、それは、1秒1秒の動きを、毎日一振り一振り重ねていく作業の連続です。創った振りや動きの流れを重ねる作業を1日でも欠かすと、その振りと重なりは消えてしまいます。昨日創った動きを今日修正する。今日修正し、復習しないと永遠の彼方に昨日の振りは消えてしまう。忘却との戦いです。昨日の自分は今日の自分ではないのです。そして、毎日模索しながら修正し重ねる作業をしていくと、何度踊っても同じ振りになる時がきます。作品の振りが決まると、動きを充実させるための繰り返し練習に入ります。その後も修正を重ねるのですが、1985 年に初めて創った舞踊「哀し〜機織る鶴かなし」などは、ほぼ100 ステージ目の 2016 年のリサイタルでの再演で、ようやく、もうこれでいいかな、というところまで何とかもってくることができました。忘却、創り直し、工夫との戦い、そんな事をして何になる、と問われても、自分の生きる証、としか言いようがありません。「毎日踊りと何時間も遊んでいる」と家族に言われても反発することができません。伝統とは、このような過去の人々の膨大な時間の凝縮でもあるのです。

おわりに

　今は2024年2月です。この本を書き始めてから5～6年の歳月が流れてしまいました。その間世界は激動の時代を迎えました。2020年から新型コロナ感染症の流行が日本にも押し寄せ、緊急事態宣言が発出され、学校は閉鎖、多くの商業施設、映画館、公演が自粛、人々の流れが止まりました。私が2020年5月に予定していたライブハウス公演も急遽9月に延期しましたが、9月になってもコロナの感染は収まらず、無料の撮影会として実施することにしました。苦渋の選択でした。当日配布のプログラムで「公演活動を目指す者には、稽古の先に常にお客様の存在があります。見て頂きたいという気持ちが毎日の稽古のエネルギー源になります。危険を冒して何になるのか、襟首をつかまれ短刀を突き付けられる思い…」と開催に当たっての痛切な思いを綴っています。2020年に予定していた東京オリンピックも延期され、2021年に無観客で開催されました。ようやく2023年5月から新型コロナウイルスがインフルエンザと同じ5類の感染症に位置付けられ、何とか日常の生活に戻りました。が、その間3年近くの歳月が流れてしまいました。そして2022年2月にロシアのウクライナ軍事侵攻が始まり、昨年からのイスラエルとハマスとの戦闘も予断を許しません。今年の1月1日には能登半島地震で多くの建物が損壊、火災で焼失。能登では輪島塗の継承が存続の危機にあるとも聞こえてきます。苦しい世の中です。そのような不穏な日々に日本の伝統について考え続けてきました。日本では日常を何の憂いもなく過ごしていた時代がほんの少し前に確かにあり、そこには豊かな文化の流れが息づいていました。が、ここ数年で人々の行動様式、考え方、世の中の仕組み、価値観が大きく変わったように思います。これから先、どのような事態がこの日本にも発生するかわからない先の見えない時代にも、文化を何とかつなげていきたい、との熱い思いがあります。

　日本人は、数学的に計算されたような動き、工夫に工夫を重ねてようやくたどり着く造形、見えないところに神経を研ぎ澄まさせる価値観、かすかなゆらぎを秘めた手作りのぬくもりを求めて伝統文化を発展させてきました。伝統文化に携わる者は、何気ない形、何気ない素材、どこにでもある空間、誰でもができる少ない動きに、密度や技術を注ぎ込むことに人生を掛けてきました。

　ここ数年、このようなフォーマルな日本の伝統文化を簡単な言葉で説明できないだろうか考えあぐねてきました。

例えば一本の棒を掌の上に立ててそのまま均衡を保って静止させたら、みな緊張して棒に見入ってしまいます。そこには張り詰めた完璧な調和があるからです。掌の上の緊張感あふれた静止。ほとんど動いていないように見える計算され訓練されて立てられた棒。極限の動きや豪華な飾りで充実させる美とは全く違う、ピーンと張った素朴な緊張感。このような簡素に見える中に叩き込まれた技術、余分を排除した静けさが、フォーマルな日本の伝統文化に潜んでいるような気がします。

　一輪の花だけを机上に飾り、愛でるような文化です。花、花器、飾り方、場所が醸し出す、引き込まれるような調和の美しさを創ることは、誰にでもできそうです。そのような意図的な緊張感で美を創ることが、日本の伝統の中に息づいているような気がします。自分で感じ、自分の感性を研ぎ澄ませ、自分で美を見つける文化でもあります。

　前頁の写真は親戚の遺品の輪島塗の漆汁椀です。有名作家のものでも、骨董的価値があるものでもありません。それでも、数学的に計算されたようなラインと深い艶と漆黒に見とれ、手に持った時のほっとするような納まり、上質なものを感じる肌触り、柔らかいお箸の当りに溜息が出る程豊穣な気持ちになります。日本人の育ててきた伝統に感謝して1年への願いを込め、正月のお雑煮をこの汁椀で毎年頂きます。どんな困難や災害が降りかかってもこのような技術、美を後世に伝えないわけにはいきません。

　この本は専門書ではありません。着物を日本舞踊と共に語らせて頂いた、浴衣から入る着物の入門書です。日本の伝統のほんの一部についての本なのですが、日本人が追い求めてきた美の根底に流れている価値観はどの分野もとてもよく似ているように思います。着物文化、そして日本の伝統について学校や集会で語る時、この本が少しでもお役に立つことを祈っています。

2024 年

Vol.67 リサイタル
「宙をゆく」
Into the Space
2023 年 5 月 2 日

エピソード 2023 南仏アヴィニョン・フェスティバルオフ参加報告

　4年ぶり20回目のアヴィニョン・フェスティバルオフ参加公演の報告である。アヴィニョン・フェスティバルはオンとオフに分かれ、演劇、音楽、パントマイム、人形劇、ダンス等の舞台芸術祭で毎年7月に開催され、世界中からアーチストと観客を集めてきた。オンは芸術祭主催、オフは個人参加の公演である。しかし、2020年に突然コロナ感染症が蔓延し、マクロン大統領がテレビで、アヴィニョン・フェスティバル中止の報を伝えた。目に見えない魔の手が世界を覆い、前代未聞の不思議な出来事が、戦争も知らない自分に降りかかった。仕方なく支店の営業所を閉鎖した旅行代理店本社に電話をし、購入済のパリ行き航空券をキャンセルした。確か19万円くらいだったと思う。日本でもあらゆる公演がキャンセルを余儀なくされた。

　その後、2021年からフェスティバルは再開されたが、私の公演会場であるガレージインターナショナルシアターは、フランス以外の海外のアーチスト公演が主だったので2022年まで閉鎖、ようやく今年の2023年に再スタートに漕ぎつけた。オーストラリアに拠点を持つシアターのプロデューサー・シャクティから再開の報を2022年秋に受けたが、まだまだ日本ではコロナに対する恐怖感があり、身内にも感染者が出て、とてもフランスまで行く気にはなれなかった。また、ウクライナへの軍事侵攻でロシア上空は飛行機が飛べないため、南回りで20時間から30時間を掛けてフランスまで行かなければならない。そんな命を掛けた冒険のようなフランス行きを快諾してよいものか、以前は120円以下だった1ユーロが、160円という円安も頭の痛い問題であった。困難な中でも自分に与えられたチャンスを生かすべきではないか等迷いに迷い、ようやく年が明けてから渡仏を決意した。日本の航空会社でパリまでの直行便を見つけたが、2020年の10万円以上の高値だった。早朝便なので羽田で1泊、新幹線TGVの発車時刻が合わずパリで1泊、結局、ホテル代も加算され、2泊3日の長く高価なアヴィニョンまでの旅となった。

2023年も　青い空に変わらずそびえる法王庁

　7月13日夜に家を出て46時間後の現地時間15日昼前、パリから南へ約3時間のアヴィニョンに着いた。パリのどんよりとした空とは打って変わって、アヴィニョンの空はいつも真っ青だ。アヴィニョンTGV駅を降り、懐かしいどこまでも続く青い空を見上げた。ついにまた来てしまった。しかし暑い。ホームを降りるといつも通り満面の笑顔のタクシー運転手マフィーユに抱きつかれ、彼女が宿泊先のアパートまで連れて行ってくれた。これから公演の衣裳換えの手伝いをしてくれる自費参加の花柳奈舟さんと、この2LDKでの自炊生活が始まる。宿泊用に毎年借りていたヨガ道場は先約があり、今回のアパートは2つのベッドルーム、2畳ほどの台所、8畳ほどの居間兼食事室、それに洗濯室、風呂場を備えた可愛らしいアパートで、1戸建てのような個性的な間取りである。椅子と白熱電球のスタンドとろうそく立て、重厚な家具が所狭しと家中に置かれ、壁には絵画がすき間なく飾られ

ている。私のベッドルームは居間と繋がっているが、目隠し壁があり、稽古に使えるスペースもある。が、電話回線はない。やはりここは古式ゆかしいヨーロッパである。

　アパートに着いてすぐ、徒歩2分の公演会場に出かけた。そこで、音源は何を持ってきた？と聞かれ、すかさずCDです、と答えたら、OH NO! CDプレーヤーはどこにもない、と言う。CDプレーヤーは過去の遺物と言わんばかりだ。音源が再生できない？音のない公演？どうすればいい？明日はリハーサル、明後日は本番。何のためにここまで来た？パニックに陥ってしまった。日本から MP3 ファイルで音源をシャクティのパソコンに送ってもらって欲しいと伝えられた。東京の録音スタジオに電話をしても出ない。ダンス公演が多い夏の間スタッフは忙しいのだ。いつも機転を利かせて助けてくれる友人の広美を思い出し、彼女に全てをゆだねることにした。彼女が考えられるあらゆる所に電話とメールをし、音響スタジオのスタッフが真夜中にスタジオに行って、パソコンに保存されている音源をフランスに送る、という手配をしてくれた。フランスではまだ夕方なのに、日本は夜中なのだ。しかし、シャクティには日本語に反応するパソコンがない。広美が音響スタッフのメールをローマ字に替え、音源のアクセスアドレスも付けてシャクティにメールを送り直してくれた。シャクティは二世なので日本語が分かり、ローマ字なら受け取れる。ついに音源がプロデューサー・シャクティのパソコンに届いた。電話回線もないアパート、CDを古いというフランス。フランスの劇場に CD 再生機がないなど誰が想像できようか。私が音源を自分のパソコンで作っていたらどうなったのか、想像するのも恐ろしい。フランスでは今やほとんど役に立たない私のガラケー、今ではスマホ、タブレット、パソコン、WiFi、USB、まぶしくて踊りを妨げる LED 照明。今回、オフ公演で半人間半機械のようなダンスを見たが、文明に翻弄され機械に操られている我々を表現しているようで妙に納得してしまった。

　フランスのアヴィニョン・フェスティバルオフが気に入っている。参加者全てがプロのアーチストで、ほとんどの公演は小さな仮設の会場で一人か少人数で演じられている。星マーク数のランク付けもなければ、選抜賞もない。入口にたむろする観客の数で人気の公演かどうかを判断する。今年のフェスティバルオフ参加公演は約1500団体、141の会場に分かれて公演をしていた。A4大2cm厚さの分厚いプログラム誌で時間と会場を調べて自分なりのタイムテーブルを作り公演会場を目指してさまよう。十数か所を除けばほとんどの会場は直径 1.2 kmの城壁の中にある。城壁内の旧市街東側に行けば、会場が50m間隔ほどで並んでいるので、次々に渡り歩いて公演を見ることが出来る。残念なことに私が公演をするガレージインター

A4大,480ページのフェスティバルオフ・プログラム誌のガレージシアターのページ。左端に衛菊公演掲載。

ナショナルシアターは、城壁の西側の壁沿いで、周辺に会場は少ない。わざわざガレージシアターを

目指して歩いて来なければならない。移動手段は徒歩のみである。シアターは客席25程のホテル内の小さな仮設劇場で、舞台は黒い板4m四方、壁は黒カーテン。私がソロで踊るのにはちょうどいい広さだ。今回、道でのチラシ配りは不手際だったが、初日の20名に始まり集客も何とかこなせたように思う。

公演終了後、お客様と

「すべて順調です」の
葉書大チラシ

ここアヴィニョン・フェスティバルオフ参加公演は、濃密で緻密で、なぜここまでできるのか、なぜここまでやるのか、一体何回この公演をこなしてきたのか、腕組みしながら見入ってしまう。一つとして手抜き公演などない。小さな会場で、延々と芸を披露する。このアーチスト達と渡り合うには一体どうしたらいいのか、1997年から続けている海外フェスティバル参加公演の間中考え続けてきた。とにかく積み重ねしかない。稽古と工夫、自分にできることはそれだけ。ここでは全ての公演が各自のオリジナルで、模倣などない。

何気ない日常を切り取った若い男性のパントマイム「Tout Va Bien…すべて順調です」は、口、目、眉、頬の表情が次々と体と共に変わり、いったい彼の本当の顔はどれなのか、判別が難しい程だ。宅急便を題材にした公演「Vole!盗まれた！」は、依頼された荷物の箱をたたき、鼻を上下に動かして臭いをかぎ、揺らして中身を調べ、送り先を確認する。ある箱に人間と同じほどの顔の人形が入っていた。体は布のみである。腹話術で人形と丁々発止のやり取りをし、身体を張って人形と戦う。人間と人形、声音や表情で人と人形が交じり合う。人形が入っていた箱があまりにも年季が入り擦り切れていて、演者とこの作品との長い付き合いを感じた。言葉が分からないことがもどかしい。また、ダンス「Relative World 相対的な世界」では1時間延々と男女二人の、音楽に合わせ息を合わせた踊りが全く途切れず、少しずつ変化しながら続いた。

日本では、言葉で説明できる何かを問われる。一体その作品で何を表現したいのか、何を言いたいのか、出演者は何者なのか、単調で内容がない、などと批評され、創作作品と長い年月を経て洗練された古典作品とが並び評される。創作は未熟、という姿勢に悩まされ続けてきた。海外公演を始めたきっかけである。しかしここに来るとそのようなことはもうどうでもよくなる。全ての公演が創作である。ここでは具体的なメッセージが作品で表現されているかより、自分が作品に対してどれだけ誠実に真剣に時間を掛けて向き合ったのかのみが問われている。

こんなに様々な公演があるのに不思議なことにダンス公演は、ある流行がそれぞれの年を支配しているようにみえる。オールヌードが多い時もあれば、パッションという表現が使われる暴力的な公演が散見される年もあった。今年は、男性が女性を補佐する公演はほとんどない。男性も女性も同じような服と動きで、性差は見当たらない。ダンスから男女の区別は排除されてしまった。私が見た9

つのコンテンポラリーダンス公演では、主役はなく、ダンサーは皆対等で男性女性特有の表現もない。黒い服装で数名が少しずつずれながら、態勢を変え形態を変えていくダンスが多い。そしてふと気が付いた。私が今年5月にリサイタルで発表した「宙をゆく」という若柳慶次郎さんと踊った作品は、ジェンダーフリー（性差からの解放）と、人は違って同じであることをコンセプトに創った。ダンスの本場ヨーロッパでの価値観、遥か東の果てにいる自分がその潮流の中にいるなど想像もつかなかった。

今回フェスティバルオフは7月7日〜29日、インは5日〜25日に行われた。今年は自分の公演がその内の9日間のみで、滞在も13日間と少なかったので、フェスティバル主催のインはダンス公演1つしか見ることが出来なかった。インは歴史あるお城や教会で重厚な雰囲気の会場で行われ、客席も多く、照明、スタッフ、アーチスト全て一流の人々を厳選して上演される。雰囲気ある照明、教会の壁に映る美しい映像、真っ白なリノリウムを敷き詰めた広い舞台、存在感ある歌手や演奏者、ダンサー達。でも、私には狭い仮設の舞台で必死に演じられるオフ公演の方がなぜか魅力的に感じられる。作品に掛ける情熱と理解、愛情、一体感、稽古量がオフの方が勝っているような気がしてならない。

私の公演は3つの章からなる「蓮花の匂うあたり」。2020年のアヴィニョン・フェスティバルを目指し2019年に創り、すでに4年踊り続けている。稽古しても稽古してもまだまだ足りないものが次々に出てくる。作品との際限のない戦いだ。もうこの作品も今年のアヴィニョンで踊り納めかと思ったら、10月に東京シャクティスタジオ、来年にモンペリエ・シアター・ボ・アーツ劇場から公演依頼を受けた。モンペリエ公演は、宿泊と公演諸費用が劇場負担で、国内での移動とチケット売上の半分が支払われるとのこと。海外からの公演依頼は14回目である。コロナ禍で思うように海外に出られなくなってからは初めてだ。有難かった。モンペリエの劇場プロデューサー・ダミアンは英語が苦手と言う。ネットの翻訳サイトで、フランス語に訳しながらのやり取りが始まった。やはり頼りは文明機器である。

イギリス、カナダ、オーストラリア、そしてフランス、計25回目の海外フェスティバル参加公演が多くの方々に支えられて何とか終わった。トラブルも多い暑い2023年のアヴィニョンであった。

人形劇の路上パフォーマンス

「靴について教えて」
のおしゃべりな靴たち

著者	花柳 衛菊 ·················	日本舞踊家・舞踊作家・エギクジャパニーズ ダンスプロダクツ代表		

監修	野口ひろみ ················	元山脇学園短期大学教授　専門は服飾美学・服飾史
イラスト・	表紙デザイン 高橋つばさ	
写真撮影・	舞台撮影　泉谷典彦　平柳 智子	

特別協力

後藤真理子	·················	教育図書株式会社	石田凱宣	京友禅染作家
花柳衛吉	·················	日本舞踊舞踊家	足立 茂	京友禅染作家
若柳慶次郎	·················	日本舞踊舞踊家	中村和延	空間デザイナー
富士克生	·················	日本舞踊舞踊家	空間工房タシブトフクシマ	
富士玉来	·················	日本舞踊舞踊家		舞台美術製作
花柳智寿彦	·················	日本舞踊舞踊家	山口晴久	舞台撮影
黒井 治	·················	フランス在住舞台パフォーマー	坂 麗水	薩摩琵琶奏者
			福原道子	笛奏者
葛 タカ女	·················	日本舞踊舞踊家	藤原祐子	盆踊り保存会
花柳園喜輔	·················	日本舞踊舞踊家		詩人協会会員
花柳錦翠美	·················	日本舞踊舞踊家	縄野三女	藍染絞作家,俳人
若見匠祐助	·················	日本舞踊舞踊家	高橋広美	
友家しづ	·················	源氏語り　語り部	金井裕紀	
津田郁子	·················	元女子学院中学校・高等学校講師	菊地愛佳	
浅草東扇堂			村田泰葉	
海老屋染物店			武田 怜	
㈱戸田屋商店			武田 更	
桐生市ホームページ				

参考図書

三谷一馬	·················	「江戸庶民風俗絵典」	三崎書房刊
十返舎一九作　麻生磯路 校注		「東海道中膝栗毛」上	岩波文庫
NHK「美の壺」制作班 編		「風呂敷」	NHK出版
興津 要編	·················	「古典落語」(続)	講談社文庫
山根一城	·················	暮らしに使える「折形の本」	PHP研究所
教育図書	·················	「新・技術家庭 家庭分野」	教育図書株式会社
教育図書	·················	「New 技術家庭分野 暮らしを創造する」	教育図書株式会社
大枝史郎	·················	「家紋の文化史」	講談社
石山 彰編	·················	「西洋服飾版画」	文化出版局
円地文子	·················	「雪燃え」	講談社
谷田閲次 他	·················	お茶の水女子大学家政学講座12	
		「被服構成学」	光生館
京都市染色試験場	············	「手描友禅染の技術と技法」	染色と生活社
視覚デザイン研究所 編		「日本・中国の文様事典」	㈱視覚デザイン研究所
大沢美樹子　戸田屋商店		「手拭いづくし」	Banana Books
前田恵美子		「KIMONO」Vol.95	フジアート出版株式会社
秋田魁新報		2011年掲載記事	
装道きもの学院 編		「新 帯結び全書」	主婦と生活社

花柳衛菊　略歴

　エギク　ジャパニーズダンス　プロダクツ　代表
　日本舞踊　舞踊家　舞踊作家　舞踊教師

　公益社団法人　日本舞踊協会会員
　日本民俗芸能協会会員
　日本舞踊ダンサーズネットワーク会員

　国立お茶の水女子大学 家政学部 被服学科卒
　日本家庭科教育学会会員
　家庭科の授業を創る会会員

　元女子学院中学校・高等学校家庭科講師（1974〜2017 年）

　1951 年東京で生まれる。3 歳から母・花柳衛吉の下で日本舞踊を始める
　日本舞踊を基本にした創作作品で、国内外で公演活動
　国内外での自主リサイタルは 2023 年で 68 回目
　海外演劇祭参加は 1997 年から 2023 年まで計 25 回
　東アジアダンスフェスティバル、仏メラルグ市ジャパンマニア祭他、
　海外依頼公演計 13 回

　東京新聞主催全国舞踊大会 邦舞部門、創作部門で優勝、文部大臣奨励賞
　文化庁芸術祭賞
　東横創作田中良賞
　日本舞踊協会主催 新春舞踊大会大会賞
　武智鉄二賞　他受賞
　リサイタルの舞台美術がアメリカ、イタリア等の 12 の海外デザイン賞受賞

　　　ホームページ：https://egiku.jimdofree.com

2024 年 4 月 20 日　第 1 刷発行

著　者　花柳　衛菊

発行者　花柳　衛菊
　　　　〒252-0332
　　　　神奈川県相模原市南区西大沼 2 の 47 の 27
　　　　☎042-747-6982

発行元　株式会社エコー出版
　　　　〒196-0033
　　　　東京都昭島市東町 1 の 16 の 11
　　　　☎042-524-8181

印刷所　株式会社内田平和堂
　　　　〒182-0005
　　　　東京都調布市東つつじヶ丘 1 の 17 の 2
　　　　☎03-3300-7301

ISBN978-4-910307-41-1　Printed in Japan
落丁・乱丁はお取替えいたします。